LE PETIT LIVRE DES PENSÉES LES PLUS DRÔLES

Choisies et présentées par
Jean Orizet

le cherche midi

© le cherche midi, 2004
23, rue du Cherche-Midi, 75006 Paris.

Vous pouvez consulter notre catalogue général et l'annonce
de nos prochaines parutions sur notre site Internet :
cherche-midi.com

Au fil de l'humour

Ce livre a des pouvoirs magiques : ouvrez-le au hasard à n'importe quelle page, et vous connaîtrez un moment de bonheur dans l'humour.

Essayons. Page 48, Francis Blanche nous dit : « *Quand on a la santé, c'est pas grave d'être malade.* » Allez donc le contredire ! Autre essai, page 81, tout en bas : Sacha Guitry s'exclame : « *Que tu étais jolie hier au téléphone.* » Sait-on être plus cruel avec le sourire ? On pourrait continuer longtemps ce petit jeu auquel ce livre vous convie. Il n'a d'autre prétention que celle de distraire et d'amuser. Mais les phrases, maximes, pensées, gentillesses ou vacheries en tous genres sont quand même signées Montaigne, Voltaire, Rivarol, Hugo, Pagnol, Cocteau, Prévert, Valéry, Blondin, Dumas père et fils, pour ne citer que des écrivains. Heureusement, il en est beaucoup d'autres – qui vous feront rire à leur manière. Voici des comédiens : Jean Yanne, Raymond Devos, Jean Carmet, Arletty ou Jacques Dutronc. Voici des peintres et des musiciens : Picasso, Dali, Andy Warhol, Erik Satie ; voici des dramaturges : Courteline,

Tristan Bernard, Jules Renard, Georges Feydeau. Voici des hommes politiques : Georges Clemenceau, Georges Pompidou, Edouard Herriot, Winston Churchill, Charles de Gaulle. Beaucoup d'Anglais et d'Américains aussi, dont l'humour, s'il a sa tonalité propre, n'en est pas moins désopilant : Les Marx Brothers, George Bernard Shaw, Oscar Wilde, Robin Williams, Ring Lardner, Les Monty Python, Jerry Lewis ou l'impayable Woody Allen à l'humour juif new-yorkais si particulier : *« Cette montre, j'y tiens beaucoup. Elle me vient de mon grand-père. Il me l'a vendue sur son lit de mort. »*

Et d'autres encore, qui prennent plus souvent la parole parce qu'ils ont davantage à nous dire, comme l'indémodable Coluche, l'inoxydable Olivier de Kersauson ou l'inébranlable Philippe Bouvard, qui nous administre des instantanés de lucidité comme celui-là : *« Vouloir paraître plus jeune que des gens qui sont nés la même année que soi constitue le début de la vieillesse. »* Et toc !

S'il existe un livre qu'ils faut absolument garder sur soi ou emporter sur une île déserte, c'est bien celui-là !

Jean Orizet

J'aime beaucoup la cuisine chinoise. Mon plat préféré est le numéro 27.

JIM CARREY

Il vaut mieux être ivre mort qu'Yves Robert.

JACQUES DUTRONC

J'aime pas ce qui est petit, je préfère rien !

BERTRAND BLIER

Je ne porte jamais de slip. Ça fait pansement.

SERGE GAINSBOURG

J'ai mis toute ma vie à savoir dessiner comme un enfant.

PABLO PICASSO

À la naissance je pesais quatre kilos et aujourd'hui je voudrais bien les perdre.

JEAN-MARIE GOURIO

Dix fois les journalistes ont annoncé ma mort. Sur ma tombe, il faudra écrire : « Encore ! »

JACQUES DUTRONC

La mémoire c'est du souvenir en conserve.

PIERRE DAC

Une pendule arrêtée donne l'heure exacte deux fois par jour.

JOSÉ ARTUR

Les mots les plus doux à entendre ne sont pas du tout « Je t'aime » mais « C'est bénin ».

WOODY ALLEN

Le féminin de « directeur » est « la femme du directeur ».

PIERRE DESPROGES

Le tact dans l'audace, c'est de savoir jusqu'où on peut aller trop loin.

JEAN COCTEAU

L'inventeur du rétroviseur est un Grec qui voulait reconnaître ses amis.

OLIVIER DE KERSAUSON

Dis-moi qui tu fréquentes, je te dirai qui tu hais !

FRANCIS BLANCHE

Il a, au plus haut degré, ce qu'on appelle l'autorité. On l'écoute avant même qu'il ait parlé.

ANATOLE FRANCE

Il ne change pas souvent d'idées, car il n'en a pas des masses.

PIERRE PERRET

L'homme descend du singe et monte sur la femme.

JEAN YANNE

Il ne faut jamais remettre à demain ce qu'on peut faire à quatre mains.

PIERRE PERRET

Quand je m'ennuie, je me fais un chèque.

JOSÉ ARTUR

Le bonheur d'un con fait toujours peine à voir.

FRÉDÉRIC DARD

Le ridicule, c'est comme le gigot : ça ne peut être servi que juste à point.

PHILIPPE MEYER

Qui aime bien ses lunettes, ménage sa monture.

FRANCIS BLANCHE

Se laisser aller à la facilité, c'est faciliter le laisser-aller.

PIERRE DAC

J'aime ma femme parce qu'elle a su rester la même et qu'elle n'a pas réussi à me changer.

PIERRE PERRET

Se rappeler quelque chose est encore le meilleur moyen de ne pas l'oublier.

PIERRE DAC

Les bons comptoirs font les bons amis.

YVAN AUDOUARD

Lorsque la franchise sert de tremplin à la bêtise, on se surprend à regretter l'hypocrisie.

GUY BEDOS

Mieux vaut s'attendre au prévisible que d'être surpris par l'inattendu.

PIERRE DAC

Ne pas pouvoir revenir en arrière est une forme de progression.

FRÉDÉRIC DARD

Se retirer du monde pour entrer dans les ordres, c'est rentrer en soi-même pour y mettre de l'ordre.

PIERRE DAC

Je n'attendais rien d'elle. J'ai été comblé.

YVAN AUDOUARD

Mon occupation favorite ? Écouter pousser ma barbe.

SERGE GAINSBOURG

Il avait un regard si franc qu'il avait sûrement quelque chose à cacher.

YVAN AUDOUARD

L'appétit vient en ne mangeant pas.

LÉO CAMPION

L'expérience ressemble aux cure-dents : personne ne veut s'en servir après vous.

ROLAND DORGELÈS

Le bonheur, c'est la somme de tous les malheurs qu'on n'a pas.

MARCEL ACHARD

Tous les sots sont périlleux.

JACQUES DEVAL

Quand on a épuisé tous les vices, la vertu devient tentante.

YVAN AUDOUARD

Elle était tellement paresseuse qu'elle ne faisait même pas son âge.

JEAN-MARC FONTENEAU

Il était si laid que, lorsqu'il faisait des grimaces, il l'était moins.

JULES RENARD

L'homme est bon, mais le veau est meilleur.

BERTOLT BRECHT

La paresse, c'est se lever à six heures du matin pour avoir plus longtemps à ne rien faire.

TRISTAN BERNARD

Le pétomane est mort. Pet à son âme.

FRÉDÉRIC DARD

Lorsque vous portez une paire de bottes, vous ne vous heurtez jamais dans un meuble. Mais si vous vous promenez nu-pieds, tout le mobilier se jette sur vous et vous frappe.

JEROME K. JEROME

On ne perd rien à être poli sauf sa place dans le métro.

TRISTAN BERNARD

Ronfler, c'est dormir tout haut.

JULES RENARD

Une poule devant son omelette contemple l'ensemble de son œuvre.

JOSÉ ARTUR

Si les genoux se pliaient dans l'autre sens, à quoi ressembleraient les chaises ?

ROLAND MAGDANE

Tout corps plongé dans une baignoire reçoit un coup de téléphone.

FRANCIS BLANCHE

Un spectateur m'a fait remarquer à l'entracte que je n'avais pas encore employé le mot « cul ». Je lui ai répondu simplement : « Je n'ai pas su où le placer. »

RAYMOND DEVOS

La femme infidèle a parfois des remords. La femme fidèle a toujours des regrets.

PIERRE PERRET

J'ai un copain qui a fait un mariage d'amour. Il a épousé une femme riche. Il aimait l'argent.

COLUCHE

Elle a grossi de vingt ans.

FRÉDÉRIC DARD

Il m'est arrivé de prêter l'oreille à un sourd. Il n'entendait pas mieux.

RAYMOND DEVOS

Il s'est précipité sur elle comme un chômeur sur un matelas.

PIERRE PERRET

Le comble de l'éditeur :
Avoir un titre de noblesse
Être épuisé
Parler comme un livre

JEAN-PAUL HENRY

Ma femme est jeune, j'ai toute sa vie devant moi.

FRÉDÉRIC DARD

Sa femme est encore bien pour mon âge.

FRÉDÉRIC DARD

Plus je connais les hommes, plus j'aime les femmes.

FRANCIS BLANCHE

Il faisait d'elle ce qu'elle voulait.

GEORGES PERROS

Mes parents, malgré le bruit de la rue, s'entendaient bien.

PIERRE DAC

Ah ! si je t'aimais, gémissait-elle, comme je t'aimerais !

YVAN AUDOUARD

C'est une erreur de croire qu'une femme peut garder un secret, elles le peuvent, mais elles s'y mettent à plusieurs.

SACHA GUITRY

Il m'a présenté sa petite amie d'un air gêné. Comme s'il me présentait des excuses.

YVAN AUDOUARD

S'aimer soi-même, c'est l'assurance d'une longue histoire d'amour.

OSCAR WILDE

Une femme doit toujours avouer son âge quand il lui va bien.

FRÉDÉRIC DARD

Je n'avais nulle envie de jouer au con avec lui – vu que de toute façon il aurait été le plus fort.

BERTRAND BLIER

Les femmes ressemblent aux girouettes, elles se fixent quand elles se rouillent.

VOLTAIRE

Les femmes préfèrent être malheureuses avec nous, plutôt que nous soyons heureux sans elles !

GEORGES WOLINSKI

Prendre les femmes pour ce qu'elles ne sont pas et les laisser pour ce qu'elles sont.

SERGE GAINSBOURG

Les femmes n'ont jamais été aussi belles que depuis qu'elles se font belles pour elles-mêmes et non plus pour les hommes.

GEORGES WOLINSKI

Depuis que j'ai une maîtresse que j'aime, je n'ai plus envie de tromper ma femme.

SACHA GUITRY

Je me suis marié deux fois, deux catastrophes : ma première femme est partie, ma deuxième est restée.

FRANCIS BLANCHE

La bouffe n'est pas forcément un bonheur mais la mauvaise bouffe est un malheur !

CLAUDE CHABROL

La médecine a fait depuis un siècle des progrès sans répit, inventant par milliers des maladies nouvelles.

LOUIS SCUTENAIRE

La psychanalyse est cette maladie mentale qui se prend pour sa propre thérapie.

KARL KRAUS

« Avez-vous un médecin de famille ?
– Non, je suis orphelin. »

MICHEL AUDIARD

Un matin si gris que les oiseaux se recouchent.

JULES RENARD

À la naissance le nain est normal, c'est en gran-
dissant qu'il rapetisse.

JEAN-MARIE GOURIO

La confiture n'est bonne que s'il faut monter sur
une chaise pour attraper le pot dans le placard.

ALEXANDRE VIALATTE

La langoustine au microscope on la mangerait
pas, on chercherait un vaccin.

JEAN-MARIE GOURIO

Le cercle n'est qu'une ligne droite revenue à son
point de départ.

FRÉDÉRIC DARD

La première fois que j'ai vu une femme nue, j'ai
cru qu'il s'agissait d'une erreur.

WOODY ALLEN

« Vous faites la cuisine ?
– Oui. Je fais la salle à manger et le couloir aussi.
Au jet. »

JACQUES DUTRONC

Le chemin le plus court d'un point à un autre c'est de ne pas y aller.

PHILIPPE GELUCK

Dans le vocabulaire des couturiers seulement, patron est synonyme de modèle.

AYMOND D'ALOST

Il faut choisir ses ennemis avec beaucoup de précautions. Je n'en ai pas un seul qui soit un imbécile. Ils sont tous des hommes à l'intellect puissant et, en conséquence, m'apprécient tous.

OSCAR WILDE

L'Italien parle avec les mains. Comme ça s'il frappe sa femme il peut toujours dire que c'est un mot qui lui a échappé...

PATRICK SÉBASTIEN

On ne doit pas avoir plus d'argent que son imagination ne permet d'en dépenser.

CLAUDE CHABROL

Le gouvernement fait beaucoup pour aider les handicapés. Il a rendu les cinémas accessibles aux handicapés physiques, la télévision accessible aux handicapés mentaux.

PATRICK TIMSIT

Les fonctionnaires sont un peu comme les livres d'une bibliothèque : ce sont les plus hauts placés qui servent le moins...

GEORGES CLEMENCEAU

Nul n'est censé ignorer la loi. Il y a plus de deux cent mille lois.

JULES RENARD

Rien de tel que les faiblesses des grands hommes pour rassurer les petits.

PHILIPPE BOUVARD

Si j'étais riche, je ne ferais que ça !

FRÉDÉRIC DARD

Sans la police, tout le monde tuerait tout le monde. Et il n'y aurait plus de guerre.

HENRI JEANSON

Un secret, ce n'est pas quelque chose qui ne se raconte pas. Mais c'est une chose qu'on se raconte à voix basse, et séparément.

MARCEL PAGNOL

Seuls les gens qui ont l'air ennuyeux entrent en politique, et seuls les gens qui le sont vraiment y font carrière.

OSCAR WILDE

Un métier est une conspiration contre la paresse.

GEORGE BERNARD SHAW

On dit que les Corses sont paresseux ; c'est pas vrai... Ils sont vite abattus, c'est tout !

LAURENT RUQUIER

Qui est lent comme le Suisse, borné comme le Belge, sournois comme le Hollandais, lourd comme l'Allemand, insignifiant comme le Luxembourgeois, dédaigneux comme l'Anglais, bidon comme l'Italien et exaspérant comme le Français ? L'Européen, l'homme de demain !

GEORGES WOLINSKI

Je vis seul. Je ne suis pas marié mais j'espère l'être un jour, comme ça je pourrais enfin arrêter de faire de l'exercice.

JEFF STILSON

Ma femme ne s'arrête pas aux feux rouges. Elle prétend que quand on en a vu un, on les a tous vus.

DAVE BARRY

Quand on est vieux, tout notre corps nous fait souffrir, et ce qui ne nous fait pas souffrir ne fonctionne plus.

GEORGE BURNS

Les hommes atteignent leur maturité sexuelle à 18 ans, les femmes à 35. Ce qui veut dire qu'on est au top à peu près au moment où les mecs réalisent qu'ils ont un fauteuil préféré.

RITA RUDNER

Le talent, c'est 90 % de transpiration et 10 % à ton agent.

WAYNE COTTER

L'excès de zèle, c'est l'ambition du médiocre.

JEAN-PIERRE MOCKY

Le jour où les esturgeons apprendront le prix du caviar, ils deviendront prétentieux.

JOSÉ ARTUR

Je crois que j'apprécierais quelques années d'immortalité.

GEORGE BERNARD SHAW

Je pourrais faire un bon végétarien si l'on décrétait un jour que le jambon est un légume.

LAWRENCE BLOCK

Je me cite souvent. Ça met du piment dans ma conversation.

GEORGE BERNARD SHAW

J'ai toujours vu tout en noir. À commencer par ma mère, qui était veuve.

GEORGES WOLINSKI

Moi, si j'avais découvert l'Amérique, je me la gardais.

JEAN-MARIE GOURIO

Quand je n'ai pas de bleu, je mets du rouge.

PABLO PICASSO

Les films français sont faits par des cons pour des gens intelligents. Je préfère les films américains. Ils sont faits par des gens intelligents pour des cons.

GEORGES WOLINSKI

Je m'intéresse beaucoup à la bêtise parce qu'elle est finalement assez incompréhensible. Je suis toujours frappé de voir des gens intelligents se laisser entraîner à accepter une décoration.

CLAUDE CHABROL

Si je bois, c'est pour rendre les autres intéressants.

W. C. FIELDS

« Vous avez une devise ?
– Si j'en avais une, ce serait quelque chose comme : Se coucher tard... Nuit ! »

RAYMOND DEVOS

J'aime être la bonne personne au mauvais endroit et la mauvaise personne au bon endroit.

ANDY WARHOL

J'aime prendre des pilules avant de déjeuner. Même quand je n'ai rien. Je trouve que ça fait bien de sortir sa plaquette, comme ça les gens te ménagent.

CLAUDE CHABROL

La seule arme qui m'intéresse, c'est le tire-bouchon.

JEAN CARMET

Dans un mauvais roman policier, le coupable n'est jamais loin, c'est l'auteur.

ROBERT SABATIER

J'avais demandé à Picasso quel était le secret de sa jeunesse. Sans hésitation, il m'avait répondu : « Je pisse dehors. »

YVAN AUDOUARD

La philosophie est comme la Russie, pleine de marécages et souvent envahie par les Allemands.

ROGER NIMIER

« Alors, quand est-ce que vous nous pondez quelque chose ?
– Je ne ponds plus, ça introduit trop de coquilles dans le texte. »

ANTOINE BLONDIN

Combien d'acteurs paraissent naturels parce qu'ils n'ont aucun talent ?

JULES RENARD

Le peintre continue. Croûte que croûte.

TOMI UNGERER

Les parents devraient toujours obliger leurs enfants à devenir des artistes. Y en aurait moins.

JEAN-CHARLES TACHELLA

Je ne montre pas mes fesses en public. On croit que c'est par pudeur. C'est surtout parce que je ne suis pas sûr du résultat.

RAYMOND DEVOS

Écrire, c'est une façon de parler sans être interrompu.

JULES RENARD

Je pense que Céline est un grand écrivain, que Jean-Luc Godard est un grand cinéaste, que la Chine est un grand pays, et je pense que je peux vivre sans Céline, sans Godard et sans la Chine.

JEAN YANNE

L'ennui chez l'homme célèbre, c'est qu'il se prend pour ce qu'il est devenu, non pour ce qu'il est resté.

GEORGES PERROS

Les acteurs ont une vie palpitante. On comprend que leur quotidien fasse rêver. Regardez-moi, par exemple : le matin je me lève, je me lave, je me mets du désodorisant, j'enfile un caleçon, je sors, je déchire un PV, je prends ma voiture, je vais tourner un film, je fais la sieste si c'est possible, le soir je rentre chez moi, je me mets en caleçon, j'allume la télé et je bouffe sur un coin de table avant d'aller me coucher. De temps en temps, je prends l'avion. Parfois je change un pneu.

JEAN YANNE

Que celui qui n'a jamais pêché n'aille pas à Terre-Neuve.

JOSÉ ARTUR

Ne t'occupe pas d'être moderne. C'est l'unique chose que malheureusement, quoi que tu fasses, tu ne pourras pas éviter d'être.

SALVADOR DALÍ

Tous les êtres humains pensent. Seuls les intellectuels s'en vantent.

PHILIPPE BOUVARD

Les bonnes femmes ont aimé Valentino puis les muscles de Belmondo, la gueule de Delon. Moi dans le tableau j'étais plutôt le mec qu'elles pouvaient comparer à leur mari en lui disant : « Tiens, c'est bien toi ça, t'es bien aussi chiant que ça à la maison. »

JEAN YANNE

Je suis pour l'augmentation du goût de la vie.

JACQUES DUTRONC

Dans le temps, même le futur était mieux.

KARL VALENTIN

Les hommes qui montrent trop leur intelligence sont comme les femmes qui montrent trop leurs seins.

ANTÓNIO LOBO ANTUNES

Dans certaines occasions, dire ce qu'on pense est plus qu'un devoir : c'est un plaisir.

OSCAR WILDE

Être est plus indispensable qu'avoir. Le rêve, c'est d'avoir de quoi être.

FRÉDÉRIC DARD

Heureusement que le monde va mal. Je n'aurais pas supporté d'aller mal dans un monde qui va bien !

GEORGES WOLINSKI

Il est dangereux d'être sincère, à moins d'être aussi stupide.

GEORGE BERNARD SHAW

Ce qu'il y a de meilleur dans le droit romain, qui protège la propriété privée et l'enrichissement personnel, c'est l'instauration de l'idée que la liberté la plus grande, le sublime sommet du mérite et de la réussite, est le pouvoir de ne rien foutre.

SALVADOR DALÍ

Il vaut mieux se tromper avec tout le monde que
d'être intelligent tout seul.

MARCEL ACHARD

Il y a le suicide. Ce n'est pas mal. Mais on aurait
pu penser à son contraire.

GEORGES PERROS

Traiter son prochain de con n'est pas un outrage
mais un diagnostic.

FRÉDÉRIC DARD

La chose la plus banale devient délicieuse dès
l'instant qu'on la dissimule.

OSCAR WILDE

La conscience, comme l'appendice, ne sert à rien,
sauf à rendre l'homme malade.

ALEXANDRE VIALATTE

On met longtemps à devenir jeune.

PABLO PICASSO

J'avais des bonnes relations avec mes parents. Ils
me battaient très rarement. Je crois qu'ils m'ont battu
une seule fois, en fait, de toute mon enfance. Du
23 décembre 1942 jusqu'à la fin du printemps 44.

WOODY ALLEN

Il m'a demandé si je trouvais que l'amour physique était sale, je lui ai répondu : « Ça l'est, si on le pratique correctement. »

WOODY ALLEN

Mon nouveau régime est un régime à l'ail. Je mets de l'ail dans tout ce que je mange. Ça ne me fait pas maigrir, mais ça fait reculer les gens, et de loin je parais plus maigre.

NOEL BRITTON

Je trouve que les bananes sont très chères pour ce qu'elles sont, une fois que vous avez retiré la peau et jeté l'os, il ne vous reste plus grand-chose.

MARK TORN

Je bois trop : à mon dernier échantillon d'urine, il y avait une olive dans le bocal.

RODNEY DANGERFIELD

En 1969, j'ai arrêté de boire et de faire l'amour. Ça a été les vingt minutes les pires de ma vie.

GEORGE BEST

À quoi ressemblez-vous quand je n'ai pas bu ?

RING LARDNER

Les scientifiques ont trouvé l'animal le plus rapide du monde. C'est une vache de 400 kilos lâchée d'un hélicoptère volant à 800 mètres à la vitesse de 220 kilomètres-heure.

DAVE BARRY

Elle a tellement de dents en or qu'elle dort la tête dans le coffre-fort.

W. C. FIELDS

Un seul verre me suffit pour être saoul mais je ne sais jamais si c'est le treizième ou le quatorzième.

GEORGE BURNS

Il ne faut jamais jouer à saute-mouton avec une licorne.

MICHEL SHEA

Ceux qui ne savent pas où ils vont sont surpris d'arriver ailleurs.

PIERRE DAC

Quand on parle à Dieu, c'est une prière, quand c'est lui qui nous parle, c'est de la schizophrénie.

LILY TOMLIN

La vie après la mort est aussi peu plausible que le sexe après le mariage.

MADELEINE KAHN

Je veux seulement trouver un homme gentil et compréhensif. Est-ce vraiment trop demander à un milliardaire ?

ZSA ZSA GABOR

Combien j'ai eu de maris ? En comptant le mien ?

ZSA ZSA GABOR

Ma petite amie m'a dit qu'elle voyait un autre homme. Je lui ai demandé de se frotter les yeux.

EMO PHILIPS

Une prière ne devrait jamais être exaucée. Sinon elle devient une simple correspondance.

OSCAR WILDE

Il y a des gens vraiment insupportables : ils ont tout pour être malheureux et ils ne le sont pas.

JOSÉ ARTUR

La liberté d'opinion n'est rien, en regard de la colossale liberté de rester assis au soleil quand on n'a pas envie de travailler.

SALVADOR DALÍ

Rien ne sert de penser, il faut réfléchir avant.

PIERRE DAC

Je préfère mourir du cholestérol que de faim.

FRÉDÉRIC DARD

Les cimetières sont éclairés au néant.

FRÉDÉRIC DARD

Penser, c'est chercher des clairières dans une forêt.

JULES RENARD

Il fait bon s'allonger à l'ombre d'un doute.

TOMI UNGERER

Zorro est obligé de mettre un masque pour qu'on le reconnaisse.

PATRICK SÉBASTIEN

L'oubli, c'est ce qu'il reste quand on a tout cultivé.

JEAN YANNE

Les pense-bêtes sont les porte-clés de la mémoire.

PIERRE DAC

Ce qu'il y a de meilleur dans le dimanche, c'est encore le samedi soir.

GILBERT CESBRON

Chassez le naturiste, il revient au bungalow.

JEAN-PAUL GROUSSET

L'humour est le plus court chemin d'un homme à un autre.

GEORGES WOLINSKI

Vous faites accorder vos pianos ? Faites donc accorder vos participes.

FRANCIS BLANCHE

Ce fut admirable de découvrir l'Amérique, mais il l'eût été plus encore de passer à côté...

MARK TWAIN

C'est quand on a raison qu'il est difficile de prouver qu'on n'a pas tort.

PIERRE DAC

Qui inventera la balance qui mesurera le poids des conséquences ?

TOMI UNGERER

Le meilleur moyen de prendre un train à l'heure, c'est de s'arranger pour rater le précédent.

MARCEL ACHARD

Chaque médaille a son revers, surtout si elle est militaire...

TOMI UNGERER

Il a si mauvaise haleine qu'en mangeant du poulet il croit que c'est de la bécasse.

AURÉLIEN SCHOLL

« Qu'est-ce que vous faites là ?
– Je fais pitié. »

JEAN-LUC GODARD

Les boules Quiès sont le Walkman du pauvre.

PATRICK SÉBASTIEN

Le sage ne dit pas ce qu'il sait, le sot ne sait pas ce qu'il dit.

JEAN ANOUILH

Une gifle : autant en emporte le vlan !

TOMI UNGERER

Le seul moment où les enfants ne donnent pas de soucis c'est quand on les fait.

PATRICK SÉBASTIEN

Méfiez-vous de l'homme qui ne vous retourne pas votre coup ; soit il ne vous pardonne pas, soit il ne vous laisse pas vous pardonner à vous-même.

GEORGE BERNARD SHAW

Les miroirs feraient bien de réfléchir avant de renvoyer les images.

JEAN COCTEAU

Si vous avez peur d'être seul, n'essayez pas d'avoir raison.

JULES RENARD

La Femme : « Georges, il y a un monsieur avec une moustache qui frappe à la porte. »
Le Mari : « Dis-lui de passer son chemin, j'en ai déjà une. »

LES MONTY PYTHON

L'Afrique souffre de surcopulation.

TOMI UNGERER

Il y a des gens que je ne reconnais plus tellement j'ai changé.

OSCAR WILDE

La logique est le dernier refuge des gens sans imagination.

OSCAR WILDE

Il pleut des cordes... C'est un temps à se pendre.

PATRICK SÉBASTIEN

J'ai bien de quoi m'asseoir, mais je ne sais pas où le mettre.

FRANCIS BLANCHE

Un intellectuel assis va moins loin qu'un con qui marche.

MICHEL AUDIARD

La bigamie, c'est avoir une femme de trop. La monogamie aussi.

JOHN HEYWOOD

Quand on ne travaillera plus le lendemain des jours de repos, la fatigue sera vaincue.

ALPHONSE ALLAIS

Vivre seul c'est prendre plaisir à manger du céleri rémoulade dans son papier d'emballage.

JEAN YANNE

Ma vie de garçon a la vie dure – et c'est en vain que depuis quarante ans je l'enterre.

SACHA GUITRY

Le mari idéal, c'est celui qui rentre tôt, fait les courses, la vaisselle et s'occupe des enfants. On en conclut que le mari idéal, c'est la femme !

BRUNO GACCIO

Il avait un regard si franc qu'il avait sûrement quelque chose à cacher.

YVAN AUDOUARD

Les hommes s'imaginent faire des enfants, alors qu'ils ne font que des hommes.

FRÉDÉRIC DARD

Je suis allé à Lourdes avec ma femme. Il n'y a pas eu de miracle. Je suis revenu avec.

SEYMOUR BRUSSELS

Dans chaque ami, il y a la moitié d'un traître.

ANTOINE DE RIVAROL

Un ami ressemble à un habit. Il faut le quitter avant qu'il ne soit usé. Sans cela, c'est lui qui nous quitte.

JULES RENARD

On ne doit jamais avoir honte de ses lettres d'amour, mais parfois de l'adresse.

JOSÉ ARTUR

Nos raffinés trouvent le patriotisme un peu vulgaire. Il est vrai que c'est le sentiment qui, sans nul doute, a inspiré le plus de bêtises et le plus de laideurs, parce que c'est le sentiment le plus accessible aux imbéciles.

ANATOLE FRANCE

Peu de choses distinguent la société des hommes d'une cour de ferme, si ce n'est que les enfants sont beaucoup plus embêtants et coûteux à élever que les poulets.

GEORGE BERNARD SHAW

Être une femme dispense au moins d'en avoir une.

ROLAND DUBILLARD

Faites comme moi, épousez un archéologue. C'est le seul homme qui vous regardera avec de plus en plus d'intérêt à mesure que passeront les années.

AGATHA CHRISTIE

Le mariage, c'est quand une femme demande à un homme de retirer son pyjama. Pour le mettre dans la corbeille de linge sale.

ALBERT FINNEY

Ma femme est tellement laide qu'elle reste toujours au moins trois heures dans les salons de beauté. Pour le devis.

BILL FROST

Tout le monde peut séduire. La preuve, il y a des enfants partout...

JACQUES DUTRONC

Quand on ne sait rien faire, il faut avoir de l'ambition.

GEORGES WOLINSKI

Est-ce que je préfère embrasser ou me faire embrasser... L'idéal pour moi, c'est les deux en même temps.

CLAUDE CHABROL

Je suis rancunier en mal comme en bien : je n'oublie pas plus un coup de pied qu'un coup de main.

GUY BEDOS

J'ai toujours craint de ne pas être à la hauteur. Sans doute par peur du vertige.

TOMI UNGERER

Ma spécialité est d'avoir raison quand les autres ont tort.

GEORGE BERNARD SHAW

L'ambition éloigne l'homme de lui-même : il se quitte pour arriver.

FRÉDÉRIC DARD

Les hantises de l'homme se réduisent à trois points de mire : mon moi, mes mois et mes émois.

JACQUES STERNBERG

J'adore mes ennemis quand ils sont intelligents autant que je déteste les stupides qui me défendent.

SALVADOR DALÍ

L'argent ne fait pas le bonheur. C'est même à se demander pourquoi les riches y tiennent tant.

GEORGES FEYDEAU

Les jours passent lentement à une allure folle.

FRÉDÉRIC DARD

Je ne retomberai jamais en enfance, j'y suis toujours resté.

TRISTAN BERNARD

Ce qui différencie la choucroute mâle de la choucroute femelle, c'est que dans la choucroute mâle il y a de la saucisse.

OLIVIER DE KERSAUSON

On juge un homme aux factures qu'il reçoit.

GROUCHO MARX

Je crois que si votre heure n'est pas venue, même un très bon médecin ne réussira pas à vous tuer !

CLAUDE CHABROL

L'ambition des uns fait l'abolition des autres.

JACQUES STERNBERG

J'ai passé un accord avec les mouches. Elles ne s'occupent pas de faire des affaires. Moi, je ne marche pas au plafond.

GROUCHO MARX

Le mariage est comme le restaurant : à peine est-on servi qu'on regarde ce qu'il y a dans l'assiette du voisin.

SACHA GUITRY

Il faut bien qu'il y ait des cons pour qu'il y ait des crapules.

BERTRAND BLIER

On est toujours l'imbécile de quelqu'un. Ce sont mes imbéciles à moi qui m'énervent.

FRANCIS BLANCHE

L'homme le plus inquiet de la prison en est le directeur.

GEORGE BERNARD SHAW

Quand tout va mal et que vous cherchez votre décision, regardez vers les sommets ; il n'y a pas d'encombrements.

CHARLES DE GAULLE

La mendicité n'est interdite qu'aux pauvres.

ANATOLE FRANCE

Les femmes adorent qu'on leur apporte des fleurs et qu'on leur dise qu'elles sont belles. Le plus difficile, c'est de ne pas rire.

OLIVIER DE KERSAUSON

Ne vous fiez pas aux couples qui se tiennent par la main. S'ils ne se lâchent pas c'est parce qu'ils ont peur de s'entre-tuer.

GROUCHO MARX

Nous vivons une époque où les pizzas arrivent plus vite que la police.

CLAUDE CHABROL

Il y a des jours si désespérés qu'ils vous donnent envie d'aller faire un tour à la gare de l'Est pour voir si la guerre n'a pas été déclarée.

YVAN AUDOUARD

Quand je voudrai connaître votre opinion, je vous la donnerai.

SAM GOLDWYN

Une relation, c'est quelqu'un qu'on connaît suffisamment pour lui emprunter de l'argent, pas assez pour lui en prêter.

AMBROSE BIERCE

Je n'aime pas faire de l'exercice. Je préfère m'atrophier.

WOODY ALLEN

Je suis vieux jeu. Je ne crois pas aux relations extra-conjugales, je pense que les gens devraient s'accoupler pour la vie, comme les pigeons et les catholiques.

WOODY ALLEN

Dieu ne recevra jamais le prix Nobel de la paix.

JOSÉ ARTUR

Je ne suis pas aussi pensez que vous le saoul !

JOHN SQUIRE

Avoir des relations sexuelles à 93 ans, c'est comme essayer de remplacer une queue de billard par une corde de chanvre.

GEORGE BURNS

Le secret de la longévité de notre couple ? Une fois par semaine, dîner aux chandelles, musique douce, etc. Elle le mardi, moi le vendredi.

HENRI YOUNGMAN

Ma femme est tellement grosse que chaque fois qu'elle monte dans un taxi, le chauffeur file droit à l'hôpital.

DAVE BARRY

Je ne te dirais pas combien je pèse mais un conseil : ne prends jamais l'ascenseur avec moi. Sauf si tu veux descendre.

JACK E. LEONARD

J'emprunte tellement d'argent à mon frère qu'il est devenu, pour moi, une sorte de carte de crédit humaine. Maintenant, quand je vais dans un magasin, je montre une photo de lui et je demande : « Vous prenez Fred ? »

SUE KOLINSKY

Je suis hypocondriaque. Enfin, selon mon gynécologue.

GREGG ROGELL

Ma femme m'a converti à la religion. Je n'avais jamais cru à l'enfer avant d'être avec elle.

HALL ROACH

Il n'est pas crédule mais tu pourrais lui vendre une voiture sans moteur si t'habitais près d'une descente.

JERRY FARINOTTI

Je n'approuve pas le sexe rapide. Je pense qu'on doit apprendre à connaître quelqu'un, voire même être amoureux de cette personne avant d'en user et de la dégrader.

STEVE MARTIN

Si Dieu avait voulu que les hommes volent, il aurait simplifié l'accès aux aéroports.

MILTON BERLE

Aujourd'hui, les voyages sont rapides. On part avec deux lapins et à l'arrivée ils sont encore deux.

BOB HOPE

Je n'ai jamais eu confiance dans les gens qui veulent qu'on leur fasse confiance.

GEORGES WOLINSKI

Quand j'entends le mot culture, je sors mon transistor.

JEAN YANNE

Un pauvre supporte mieux la misère s'il n'est pas obligé de vivre au milieu des pauvres.

GEORGES WOLINSKI

Il roule en Cadillac parce que le métro se paie comptant.

FRÉDÉRIC DARD

J'aime les enfants, oui. Mais je leur adresse un reproche : ce sont de futures grandes personnes.

FRANCIS BLANCHE

Il faudrait inventer une clef pour remonter le moral.

TOMI UNGERER

Tout homme devrait avoir droit de vie ou de mort sur sa femme ; toutefois il devrait lui être interdit de la faire souffrir. On n'est pas des bêtes.

GEORGES WOLINSKI

Le monde est peuplé d'imbéciles qui se battent contre des demeurés pour sauvegarder une société absurde.

JEAN YANNE

Grâce à la diligence de Chico, il y avait des jours où le magasin du prêteur sur gages de la Troisième Avenue contenait plus d'objets de la famille Marx que l'appartement familial.

HARPO MARX

Mon érotisme : des œufs sur le plat sans le plat.

SALVADOR DALÍ

Je déteste les huîtres à la lavande.

JACQUES DUTRONC

Être privé de quoi que ce soit : quel supplice !
Être privé de tout : quel débarras !

SACHA GUITRY

Si j'avais su que je l'aimais tant, je l'aurais aimée davantage.

FRÉDÉRIC DARD

Le Parlement : on y parle, on y ment !

TOMI UNGERER

« Comme vous avez la peau blanche !
– Oui, mais c'est bien salissant. »

JULES RENARD

Y a des gens qui ont des enfants parce qu'ils n'ont pas les moyens de s'offrir un chien.

COLUCHE

Quand un journaliste parle de lui, il ne dit plus de mal de vous.

PHILIPPE BOUVARD

Un maquereau, c'est un monsieur qui permet à des jeunes filles de marcher sur le trottoir sans se faire attaquer, et, en plus, d'en tirer un bénéfice substantiel. C'est un gentleman.

OLIVIER DE KERSAUSON

Il y a des malheurs qui vous abattent, mais il y en a d'autres qui vous ressuscitent.

ALFRED CAPUS

Il travaille d'après modèle, mais il se fait bander les yeux pour ne pas être influencé. Il se contente de toucher.

ROLAND TOPOR

Il y a des femmes dont l'infidélité est le seul lien qui les attache encore à leur mari.

SACHA GUITRY

Pour un aveugle, cacher un objet est un cauchemar.

JOSÉ ARTUR

On ne se confesse plus aujourd'hui à son curé, mais on se confesse de plus en plus volontiers à la télévision.

ANDRÉ FROSSARD

Je ne suis pas trop vieux pour elle, c'est elle qui n'est pas assez jeune pour moi.

GROUCHO MARX

La réalité n'a pas besoin de prouver qu'elle existe. Quand on l'oublie, elle se contente de faire mal.

ROLAND TOPOR

Le grand chic au restau quand on s'envoie de la sauce sur sa cravate, c'est de s'en mettre aussi un peu sur la pochette.

JEAN YANNE

À l'annonce de l'attaque japonaise sur Pearl Harbor, le général de Gaulle aurait confié au colonel Passy, chef de son service de renseignements :
« Les Allemands ont perdu la guerre. C'est la General Motors qui va la gagner. »

CHARLES DE GAULLE

Il faut s'être aimés bien peu pour pouvoir rester amis quand on ne s'aime plus.

ANTOINE DE RIVAROL

Il faut qu'une femme choisisse. Avec un homme aimé des femmes, elle n'est pas tranquille. Avec un homme que les femmes n'aiment pas, elle n'est pas heureuse.

ANATOLE FRANCE

Étonnant qu'on ne trouve jamais gravée sur aucune tombe l'épitaphe : « Au secours ! »

JACQUES STERNBERG

Les seules personnes qui songent plus à l'argent que les riches, ce sont les pauvres.

OSCAR WILDE

J'ai bâti de si beaux châteaux que les ruines m'en suffiraient.

JULES RENARD

Un véritable fantôme, ça me plairait assez. J'achèterais. S'il passe à travers les murs, je pourrais l'envoyer faire les courses la nuit, quand c'est fermé.

JACQUES DUTRONC

Ne faites pas aux autres ce que vous voudriez qu'ils vous fassent... leurs goûts pourraient ne pas être les mêmes.

GEORGE BERNARD SHAW

Si jeunesse savait, vieillesse passerait un mauvais quart d'heure.

FRANÇOIS CAVANNA

Les alcooliques tuent sur les routes, il faut supprimer les routes.

OLIVIER DE KERSAUSON

La discrétion est ma devise. Je ne dis jamais rien. Même sur ma carte de visite, il n'y a rien d'écrit.

GROUCHO MARX

Je pardonne aux gens de n'être pas de mon avis ; je ne leur pardonne pas de n'être pas du leur.

ANTOINE DE RIVAROL

La vie : un suicide au ralenti.

TOMI UNGERER

Si vous êtes un jour traité de parvenu, tenez pour bien certain que vous serez arrivé.

SACHA GUITRY

Quand on a la santé, c'est pas grave d'être malade.

FRANCIS BLANCHE

Je n'ai pas de langue maternelle. J'ai simplement plusieurs langues fraternelles.

TOMI UNGERER

L'idéal, ce serait de pouvoir déduire ses impôts de ses impôts.

JEAN YANNE

Comment peut-on être ministre et dîner en ville ! Il est vrai que s'il en était autrement... il n'y aurait plus de ministres.

CHARLES DE GAULLE

Il n'est rien de si absent que la présence d'esprit.

ANTOINE DE RIVAROL

On accusait autrefois les hommes politiques de ne songer qu'à « se remplir les poches ». Aujourd'hui, on ne leur reproche plus guère que de vider les nôtres.

ANDRÉ FROSSARD

Comme elle avait parfois des remords, elle s'imaginait qu'elle avait du cœur.

SACHA GUITRY

Un banquier est un homme qui vous prête un parapluie quand il fait beau et vous le reprend quand il pleut.

GEORGE BERNARD SHAW

Je vais consulter mon avocat, et s'il accepte de s'occuper de mon affaire, je change d'avocat.

GROUCHO MARX

Tout homme de quarante ans qui prend encore le métro est un raté.

SALVADOR DALÍ

J'ai avoué la vérité à ma femme : que je voyais un psychanalyste. Elle aussi m'a alors avoué la vérité : qu'elle voyait un psychiatre, deux plombiers et un barman.

RODNEY DANGERFIELD

La vie serait bien plus heureuse si nous pouvions naître à 80 ans et nous rapprocher peu à peu de 18 ans.

MARK TWAIN

On sait qu'on est vieux le jour où à notre anniversaire, nos amis se rapprochent du gâteau pour se réchauffer.

GEORGE BURNS

J'ai déchiré le testament que je venais d'écrire. Il faisait tant d'heureux que j'en serais arrivé à me tuer pour ne pas trop les faire attendre.

SACHA GUITRY

On se bat pour ses idées. On ne se bat pas pour ses obsessions. C'est une idée qui m'obsède.

GEORGES WOLINSKI

Dieu a enlevé une côte à Adam pour créer Ève et Ève a fait manger de la pomme à Adam, c'est fou ça, on ne donne pas à manger à quelqu'un qui vient d'être opéré !

JEAN YANNE

Les secondes sont jalouses des minutes. Les semaines envieuses des années et les siècles regrettent les instants.

TOMI UNGERER

L'homme passe sa vie à raisonner sur le passé, à se plaindre du présent, à trembler pour l'avenir.

ANTOINE DE RIVAROL

Si j'étais une étoile, je ferais tout pour être filante.

TOMI UNGERER

Une femme bien élevée: une de ces femmes qui veulent bien faire comme les autres, à la condition que les autres n'en sachent rien.

GEORGES COURTELINE

L'amour, c'est un sport. Surtout s'il y en a un des deux qui veut pas.

JEAN YANNE

La lune de miel se termine parfois en lune de fiel.

TOMI UNGERER

J'ai ton nouveau numéro de téléphone au cas où je ne souhaiterais pas t'appeler.

GROUCHO MARX

Le secret de la vie à deux ? Deux ailes à une maison.

JEAN YANNE

De minuscules fantômes hantent, la nuit venue, les châteaux de sable construits par les enfants pendant la journée sur les plages de Normandie.

ROLAND TOPOR

Il y a des gens qui ne sont pas assez intelligents pour avoir toutes les opinions à la fois. Je ne suis pas de ceux-là.

SALVADOR DALÍ

Dès que l'on met les pieds dans les plats de l'Histoire, on glisse dans l'absurde.

TOMI UNGERER

La jeunesse à laquelle tout est pardonné ne se pardonne rien : au grand âge qui se pardonne tout, rien n'est pardonné.

GEORGE BERNARD SHAW

À l'égard de celui qui vous prend votre femme, il n'est de pire vengeance que de la lui laisser.

SACHA GUITRY

Le sommeil est une tentative d'évasion, la mort une évasion réussie.

TOMI UNGERER

Karl Marx, ce grand homme, avait tout prévu, excepté le marxisme.

ANDRÉ FROSSARD

Les femmes nous inspirent le désir de réaliser des chefs-d'œuvre et nous empêchent toujours de les mener à bien.

OSCAR WILDE

Qui ovule un œuf ovule un bœuf.

JEAN YANNE

Un piéton est un monsieur qui va chercher sa voiture.

FRÉDÉRIC DARD

Dans les hôpitaux, ce sont plus les visiteurs que les malades qui font des gueules d'enterrement.

JACQUES DUTRONC

Elle avait du chagrin parce qu'elle se croyait inconsolable.

SACHA GUITRY

Ce que je préfère entre une belle pauvre et une riche moche ? Celle qui dit oui la première.

OLIVIER DE KERSAUSON

On n'est pas tout à fait sincère sans être un peu ennuyeux.

ANATOLE FRANCE

Comme un homme politique ne croit jamais ce qu'il dit, il est tout étonné quand il est cru sur parole !

CHARLES DE GAULLE

Il n'y a de vrais secrets que ceux qui se gardent tout seuls.

GEORGE BERNARD SHAW

Il m'arrive d'avoir des visions – puis je remets mes lunettes.

TOMI UNGERER

Le peu que je sais, c'est à mon ignorance que je le dois.

SACHA GUITRY

Le cerveau d'une femme, c'est vide, c'est vaste, c'est le désert. En un mot, c'est l'aventure.

OLIVIER DE KERSAUSON

Les hommes naissent libres et égaux en droit. Après ils se démerdent.

JEAN YANNE

Par principe, je suis toujours en retard. La ponctualité est une voleuse de temps.

OSCAR WILDE

Une femme : « Si on vous trouve, vous êtes perdus. »
Chico : « Comment voulez-vous qu'on soit perdus si on nous trouve ? »

LES MARX BROTHERS

Un touriste se reconnaît au premier coup d'œil. C'est un individu habillé d'une manière telle que, s'il se trouvait dans son propre pays, il se retournerait dans la rue en se voyant passer.

PHILIPPE MEYER

L'appétit vient en mangeant les économies d'un autre.

PIERRE PERRET

La fidélité n'est pas plus naturelle à l'homme que la cage ne l'est au tigre.

GEORGE BERNARD SHAW

L'humanité serait depuis longtemps heureuse si les hommes employaient tout le génie qu'ils mettent à réparer leurs erreurs à ne pas les commettre.

GEORGE BERNARD SHAW

J'ai de la fuite dans les idées.

TOMI UNGERER

Je déteste les gens qui parlent d'eux quand j'ai envie de parler de moi.

OSCAR WILDE

Les vieux adorent manger des cacahuètes. Ça leur rappelle leurs dents.

JEAN YANNE

C'était, depuis bien des années, mon rêve. Je vais donc enfin vivre seul ! Et déjà je me demande avec qui.

SACHA GUITRY

Une nuit d'amour, ça dure un quart d'heure.

GEORGES WOLINSKI

La gaieté de l'homme conserve la beauté de la femme.

AURÉLIEN SCHOLL

Le sexe masculin est ce qu'il y a de plus léger au monde, une simple pensée le soulève.

FRÉDÉRIC DARD

Certains couples restent ensemble parce que, s'ils se quittaient, cela ne changerait rien à leur vie.

GEORGES WOLINSKI

Il faisait d'elle ce qu'elle voulait.

GEORGES PERROS

J'ai connu bien des filles de joie qui avaient pour père un homme de peine.

ALPHONSE ALLAIS

Je n'aime pas les femmes qui couchent le premier soir. Je déteste ça, il faut attendre tout l'après-midi.

PATRICK TIMSIT

La seule école libre est l'école buissonnière.

JOSÉ ARTUR

Le même âge, dans un couple, c'est un écart qui ne se rattrape pas.

JEAN POIRET

Beaucoup de divorces sont nés d'un malentendu. Beaucoup de mariages aussi.

TRISTAN BERNARD

Le doute me ronge. Et si tout n'était qu'illusion ? Si rien n'existait ? Dans ce cas, j'aurais payé ma moquette beaucoup trop cher.

WOODY ALLEN

En Angleterre, lorsque vous commettez un crime, la police n'a pas de revolver et vous non plus. Les sommations, c'est : « Stop, ou je dis stop à nouveau ! »

ROBIN WILLIAMS

Je savais que j'étais mauvaise cuisinière. Mais j'ai réalisé à quel point le jour où j'ai surpris le chien au téléphone en train de commander une pizza.

JOAN RIVERS

Notre toaster a deux positions : trop tôt ou trop tard.

SAM LEVENSON

Les femmes ne se souviennent que des hommes qui les ont fait rire et les hommes que des femmes qui les ont fait pleurer.

HENRI VERNEUIL

Les femmes seront vraiment les égales des hommes le jour où une femme sera nommée à un poste pour lequel elle n'a absolument aucune compétence.

FRANÇOISE GIROUD

Autrefois, quand nous passions la soirée ensemble, nous la passions à deux. Maintenant, nous la passons seuls tous les deux.

SACHA GUITRY

Allons, faisons la paix, veux-tu, séparons-nous.

SACHA GUITRY

Si ma femme doit être veuve un jour, j'aime mieux que ce soit de mon vivant.

GEORGES COURTELINE

On ne choisit pas les femmes. Ce sont elles qui nous choisissent. Parce que si c'était nous, on les choisirait mieux.

GEORGES WOLINSKI

Les femmes ont besoin d'une raison pour faire l'amour, les hommes d'un endroit.

BILLY CRISTAL

Quand j'ai compris mon physique, j'ai immédiatement compris que je devais être drôle !

PATRICK TIMSIT

Quand on s'est connus, ma femme et moi, on était tellement timides tous les deux qu'on n'osait pas se regarder ! Maintenant, on ne peut plus se voir !

RAYMOND DEVOS

Vaut-il mieux faire l'amour de mille façons différentes avec une seule femme ou d'une seule façon avec mille femmes différentes ?

GEORGES WOLINSKI

Tout ce que je désire vraiment, c'est immoral, illégal ou alors ça fait grossir.

ALEXANDER WOOLCOTT

J'aime la nuit. J'ai les idées plus claires dans le noir.

SERGE GAINSBOURG

À l'âge de 6 ans, je voulais devenir cuisinier. À 7 ans, je voulais être Napoléon, et depuis, mon ambition n'a cessé de grandir.

SALVADOR DALÍ

Rentrer son ventre sur la balance ne rend pas moins lourd.

JOSÉ ARTUR

J'ai vu en photo dans le journal un basketteur de 2 mètres 30. Là je dis, c'est plus du jeu ! Y a triche ! C'est comme courir le tiercé avec un cheval de 800 mètres de long !

COLUCHE

La chanson française ? Je suis plutôt consterné que concerné !

SERGE GAINSBOURG

La célébrité, ce n'est pas facile à assumer. Je ne vois rien de pire. Si, peut-être, l'anonymat.

GUY BEDOS

Le théâtre va mal. Euripide est mort. Shakespeare est mort. Molière est mort. Et moi-même je ne me sens pas très bien.

GEORGE BERNARD SHAW

Cette musique qui n'est pas mauvaise mais qui donne envie d'en entendre de la bonne.

PAUL CLAUDEL

Je suis né pendant la paix de 1918-1939.

FRANCIS BLANCHE

La lecture n'est pas une occupation que nous encourageons chez les officiers de police. Nous essayons de limiter la paperasse au minimum.

JOE ORTON

Le secret d'une culture intelligente, c'est de savoir sur quel rayon de la bibliothèque se tient le Larousse.

SACHA GUITRY

Tous les hommes sont des comédiens... sauf quelques acteurs.

SACHA GUITRY

Tricher quand on gagne est un raffinement plus qu'une précaution.

YVAN AUDOUARD

Un intellectuel est quelqu'un qui regarde une saucisse et qui pense à Picasso.

ALAN PATRICK HERBERT

À force d'être déçu par les autres, je finirai bien par croire en moi.

FRÉDÉRIC DARD

Les directeurs de théâtre croient qu'ils sont intelligents quand ils ont des succès. Et quand ils ont un four, ils croient que le public est idiot.

SACHA GUITRY

Les seuls qui se rapprochent de vous dans le malheur sont les créanciers.

ORSON WELLES

C'est curieux comme l'argent aide à supporter la pauvreté.

ALPHONSE ALLAIS

Lorsqu'on a commis la folie de confier à quelqu'un un secret, le seul moyen d'être sûr qu'il le gardera pour lui est de le tuer sur-le-champ.

ÉMILE MICHEL CIORAN

Mars, Vénus, Saturne, ce qui m'étonne ce n'est pas qu'on ait découvert tous ces astres lointains, c'est qu'on connaisse leurs noms.

JEAN NOHAIN

C'est toujours dans les pays où il n'y a rien à voler qu'il y a le plus de voleurs.

GEORGES WOLINSKI

Conduire dans Paris, c'est une question de vocabulaire.

MICHEL AUDIARD

C'est toujours au palais de justice qu'on doit aller pour voir de bonnes pièces.

FRANCIS BLANCHE

Certaines personnes mettent une fleur rouge à la boutonnière. À vingt mètres on les prend pour des décorés, à deux pas ce ne sont plus que des imbéciles.

ALPHONSE KARR

J'ai horreur des gens qui parlent pendant que je les interromps !

GUY BEDOS

Je voulais juste dire aux mecs qui téléphonent suite à mon annonce pour me vendre une DS de se calmer sur les prix. Je suis peut-être plus riche qu'eux, mais je suis pas plus con !

COLUCHE

La télévision, à travers ses jeux, est le véhicule de l'argent facile, qui est au centre de ce que le pourrissement contemporain a de plus contemporain. Comment nier, en effet, que l'on ne grandit personne en lui faisant croire qu'il suffit de connaître sa propre date de naissance pour devenir millionnaire.

PHILIPPE MEYER

Je suis gaucher de la main droite.

FRÉDÉRIC DARD

Les impôts indirects sont des impôts hypocrites.

ALPHONSE KARR

On appelle cadres les gens dont la peau du ventre se tend après les repas.

PHILIPPE BOUVARD

Les savants sont des gens qui, sur la route des choses inconnues, s'embourbent un peu plus loin que les autres.

ALPHONSE KARR

Un gourmet ? C'est un gourmand qui se domine.

FRANCIS BLANCHE

Est-ce qu'on peut faire confiance aux médecins ?
Je dis : « Oui. À condition de ne pas être malade... »

PATRICK TIMSIT

Il est des gens qu'on n'aime pas assez pour les haïr.

ALPHONSE ALLAIS

C'était un Français qui payait tellement d'impôts... que le jour où il mourut... le gouvernement
fit faillite.

ROGER PIERRE

Derrière toute réussite, il y a une épouse ravie et
une belle-mère étonnée.

BROOKS HAYS

Étant philosophe, j'ai un problème pour chaque
solution.

ROBERT ZEND

Il n'y a plus de nos jours que deux sortes de piétons : les rapides et les morts.

JEAN RIGAUX

Il y a tellement de choses plus importantes que
l'argent, mais il faut tellement d'argent pour les
acquérir.

GROUCHO MARX

L'argent ne fait pas le bonheur de celui qui n'en a pas.

BORIS VIAN

Le soleil se lève avant moi, mais je me couche après lui : nous sommes quittes.

JULES RENARD

La Légion d'honneur, il ne suffit pas de la refuser, encore faut-il ne pas la mériter.

ERIK SATIE

La politique est l'art d'empêcher les gens de se mêler de ce qui les regarde.

PAUL VALÉRY

La vie m'a appris qu'il y a deux choses dont on peut très bien se passer : la présidence de la République et la prostate.

GEORGES CLEMENCEAU

Le journalisme consiste à apprendre que M. Johnson est mort à des millions de personnes qui ne savaient pas qu'il vivait.

GILBERT K. CHESTERTON

Le problème paysan : combien faut-il de traites de la vache pour payer la traite du tracteur ?

PHILIPPE BOUVARD

Le tourisme est l'industrie qui consiste à transporter des gens, qui seraient mieux chez eux, dans des endroits qui seraient mieux sans eux.

JEAN MISTLER

Les hors-d'œuvre variés ? Toujours les mêmes.

LUCIEN GUITRY

Noël : nom donné par les chrétiens à l'ensemble des festivités commémoratives de l'anniversaire de la naissance de Jésus-Christ, dit « le Nazaréen », célèbre illusionniste palestinien de la première année du Ier siècle pendant lui-même.

PIERRE DESPROGES

Pourquoi n'y aurait-il pas de vie sur les autres planètes ? Il y en a bien à Châteauroux.

PATRICK TIMSIT

Pourquoi, dans les villes où l'on passe, s'applique-t-on à choisir douze cartes postales différentes puisqu'elles sont destinées à douze personnes différentes ?

SACHA GUITRY

Sois modeste ! C'est le genre d'orgueil qui déplaît le moins !

JULES RENARD

Un bon raconteur d'histoires, c'est quelqu'un qui a une bonne mémoire et qui espère que les autres n'en ont pas.

IRVING SCOBB

Un con, ça ne se définit pas. On ne peut donner que des exemples.

JEAN RIGADE

Un discours à la fin d'un repas doit être comme la robe d'une jolie femme. Assez long pour couvrir l'essentiel. Assez court pour rester intéressant.

RALPH WALDO EMERSON

On m'a traité de tous les noms : anarchiste, gauchiste, poujadiste, on m'a même traité d'acteur.

JEAN YANNE

C'est un ami, un vrai, pas un qui s'use quand on s'en sert !

HENRI JEANSON

Pour arrêter de boire, il faut un déclencheur psychologique. Moi je l'ai eu une nuit. Je rentrais en voiture avec un ami et soudain je lui ai dit : « Attention à la voiture en face ! »

Il m'a répondu : « Mais, c'est toi qui conduis, Jean ! » Ça m'a donné à réfléchir !

JEAN YANNE

Heureusement qu'on n'a pas que des amis et qu'il y a aussi des gens sur lesquels on peut compter !

NOCTUEL

Il n'y aura jamais besoin de contrôle antidoping pour les fonctionnaires.

JOSÉ ARTUR

Je fais une proposition à mes opposants : s'ils arrêtent de dire des mensonges sur nous, je cesserai de dire la vérité sur eux.

ADLAÏ STEVENSON

L'Angleterre et l'Amérique sont deux pays séparés par la même langue.

GEORGE BERNARD SHAW

L'argent est préférable à la pauvreté, ne serait-ce que pour des raisons financières.

WOODY ALLEN

Si ceux qui disent du mal de moi savaient exactement ce que je pense d'eux, ils en diraient bien davantage !

SACHA GUITRY

Il n'a même pas le courage des idées des autres.

OSCAR WILDE

La publicité peut être définie comme la science qui permet de paralyser l'intelligence humaine suffisamment longtemps pour en tirer de l'argent.

STEPHEN LEACOCK

La réussite ne réussit pas à tout le monde. Les échecs à quelques-uns.

YVAN AUDOUARD

Le capitalisme, c'est l'exploitation de l'homme par l'homme. Et le marxisme, c'est le contraire.

HENRI JEANSON

J'ai tourné assez de navets dans ma vie pour avoir un potager.

JEAN LEFEVRE

Le fraudeur fiscal est un contribuable qui s'obstine à vouloir garder un peu d'argent pour son propre usage.

PHILIPPE BOUVARD

Le message de mon répondeur ? Une sonnerie occupée.

JACQUES DUTRONC

On ne rend pas visite à un médecin : on la lui paie.

YVAN AUDOUARD

Quand vous avez des ennuis, les gens qui vous appellent par sympathie le font surtout pour avoir les détails.

EDGAR WATSON HOWE

Qui perd ses dettes s'enrichit.

HONORÉ DE BALZAC

Tout ce que vous lisez dans les journaux est absolument vrai excepté les rares fois où vous en étiez témoin.

ERWIN KNOLL

Une dot est un présent fait au futur pour dissimuler l'imparfait.

WILLY

J'ai toujours considéré que le fait de mettre des contraventions à un automobiliste était signe d'une mauvaise éducation.

OLIVIER DE KERSAUSON

Je suis content de m'être enfin marié. J'ai été célibataire longtemps et j'en avais marre de terminer moi-même mes phrases !

BRIAN KILLEY

Le mariage n'est plus ce qu'il était. Quand je rencontre un homme, la question que je me pose c'est : « Est-ce que c'est avec lui que j'ai envie que nos enfants passent un week-end sur deux ? »

RITA RUDNER

La réputation d'un médecin est faite du nombre d'hommes célèbres qui sont morts entre ses mains.

GEORGE BERNARD SHAW

Je suis arythmomaniaque, c'est pourtant un mot au-dessus de ma condition.

JEAN CARMET

Les architectes dissimulent leurs erreurs sous du lierre, les médecins sous la terre et les ménagères sous de la mayonnaise.

GEORGE BERNARD SHAW

Les cons, ça ose tout, c'est même à ça qu'on les reconnaît.

MICHEL AUDIARD

Lorsqu'on dit d'un élève qu'il est brillant en français, c'est qu'il a les idées de son professeur.

BERNARD FRANK

Quand on parle pognon, à partir d'un certain chiffre, tout le monde écoute.

MICHEL AUDIARD

Je suis heureux chaque fois que je touche une femme et chaque fois que je touche un chèque.

GEORGES WOLINSKI

Quand, dans une réunion, un homme ne dit rien alors que tout le monde parle, on n'entend plus que lui.

RAYMOND DEVOS

Quelle atroce institution que Noël : nous devons nous goinfrer parce que c'est Noël, nous devons nous saouler parce que c'est Noël, nous devons acheter des choses dont personne ne veut pour les offrir à des gens que nous n'aimons pas... Tout cela parce que c'est Noël !

GEORGE BERNARD SHAW

J'avais trop changé pour pouvoir la reconnaître.

YVAN AUDOUARD

J'ai appris à aimer certains hommes par le mal que j'en avais entendu dire par d'autres hommes que je n'aimais pas.

SACHA GUITRY

Invité par une loge maçonnique du Grand Orient de France à discourir sur l'opération des Restos du cœur, Coluche s'enquiert, pour plaisanter, des conditions nécessaires pour intégrer l'ordre. On lui répond qu'un franc-maçon nouvellement admis doit se taire pendant un an avant d'être autorisé à parler :

« C'est pas un problème, je vais m'inscrire l'année dernière alors ! »

COLUCHE

Il faut demander plus à l'impôt et moins au contribuable.

ALPHONSE ALLAIS

Il y a deux catégories d'hommes politiques : ceux qui sont bons à rien et ceux qui sont prêts à tout.

COLUCHE

Dans la cinquième, c'est toujours Beethoven qui est en tête.

JOSÉ ARTUR

Un professionnel c'est un type qui fait mal tout ce qu'il ne sait pas faire.

GEORGES WOLINSKI

J'ai connu un teinturier qui est mort à la tâche.

PIERRE DORIS

Je me suis rendu compte que j'avais pris de l'âge le jour où j'ai constaté que je passais plus de temps à bavarder avec les pharmaciens qu'avec les patrons de bistrot.

MICHEL AUDIARD

Après 60 ans, lorsqu'on n'a mal nulle part, c'est qu'on est mort.

GEORGES WOLINSKI

Paresse : habitude prise de se reposer avant la fatigue.

JULES RENARD

Je me suis mis au régime : plus d'alcool, plus de gros repas, et en quatorze jours j'ai perdu deux semaines.

TOM STOPPARD

L'avenir n'est plus ce qu'il était.

JEAN DUTOURD

Vieillir, c'est un jour de moins chaque soir.

FRÉDÉRIC DARD

Vous me demandez si je suis athée ? Je suis plus intéressé par le vin d'ici que par l'au-delà.

FRANCIS BLANCHE

Je n'ai aucune intention de lui donner les chiffres de ma fiche médicale. Disons que, d'après ma circonférence, je devrais être un séquoia de 30 mètres.

ERMA BROMBECK

La vieillesse, c'est quand on dit « tu » à tout le monde et que tout le monde vous dit « vous ».

MARCEL PAGNOL

Du jour où j'ai su qu'on pouvait avoir mal quelque part, j'ai eu mal partout !

PATRICK TIMSIT

Tu sais quand on devient vieux ? Quand il nous faut toute une nuit pour faire ce qu'avant on faisait toute la nuit !

COLUCHE

La retraite j'ai peur de m'ennuyer. En jardinage, je n'y connais rien, je ne supporte pas les caniches nains et je ne m'intéresse pas à la météo.

PATRICK TIMSIT

La vie ne cesse pas d'être drôle quand quelqu'un meurt, pas plus qu'elle ne cesse d'être sérieuse quand quelqu'un rit.

GEORGE BERNARD SHAW

Vouloir paraître plus jeune que des gens qui sont nés la même année que soi constitue le début de la vieillesse.

PHILIPPE BOUVARD

Les gens qui n'ont aucun avenir ont toujours eu une peur panique du lendemain.

GEORGES WOLINSKI

Les mecs qui disent : « Je fume deux paquets par jour », il ne faut pas qu'ils s'étonnent d'être mal. C'est les cigarettes qu'il faut fumer, les mecs !

JACQUES DUTRONC

On est jeune lorsqu'on peut dire : dans vingt ans je serai encore jeune. On est vieux lorsqu'on peut dire : dans vingt ans je serai mort.

GEORGES WOLINSKI

Je n'ai plus l'âge de mourir jeune.

JULES RENARD

Tout, dans la vie, est affaire de choix. Cela commence par : la tétine ou le téton ? Et cela s'achève par : le chêne ou le sapin ?

PIERRE DESPROGES

J'ai vu un dragueur s'approcher de quatre femmes dans un bar et leur demander : « Mais qu'est-ce que vous faites toutes seules ? »

LILY TOMLIN

Ma tante Lauraine m'a dit : « Bob, tu es gay, tu vois un psy ? » Je lui ai répondu : « Non, un lieutenant de marine. »

BOB SMITH

La température était tombée tellement bas que j'ai vu un ours polaire porter un grizzly sur ses épaules.

JERRY FARINOTTI

Les femmes sont brillantes. En sortant de la douche, elles ont cette faculté mystérieuse de savoir faire cette espèce de coiffe hindoue avec une serviette autour de leur tête. Même une tornade n'arriverait pas à arracher ce truc. Vous avez déjà essayé de faire la même chose, vous les gars ? Je veux dire sans ressembler à un militaire irakien bourré ?

TIM ALLEN

Baisse surprise du seuil de la pauvreté : plusieurs pauvres entièrement ruinés !

COLUCHE

Être vieux, c'est quand vous connaissez toutes les réponses mais que personne ne vous pose plus de questions.

BERT KRUGER SMITH

« J'ai peur que si nous nous marions un jour, une jeune femme fasse son apparition, et que vous m'oubliez pour toujours.
– Ne soyez pas idiote. Je vous écrirai deux fois par semaine. »

LES MARX BROTHERS

Pourquoi n'aimerait-on pas sa femme ? On aime bien celle des autres.

ALEXANDRE DUMAS FILS

Il y a des êtres dont le seuil d'incompétence se décèle au saut de l'utérus.

JOSÉ ARTUR

Si vous voulez que votre femme écoute ce que vous dites, dites-le à une autre.

ROBERT DE FLERS

Un homme qui n'aime ni les animaux ni les enfants ne peut pas être foncièrement mauvais.

W. C. FIELDS

Un classique est un livre que personne ne lit et que tout le monde voudrait avoir lu.

GEORGE BERNARD SHAW

Je désire être incinéré et je veux que 10% de mes cendres soient versés à mon imprésario.

GROUCHO MARX

Il n'y a rien de plus difficile à consoler qu'un paysage désolé.

PIERRE DAC

« Comment mange-t-on chez la marquise du Deffand ? demandait-on à M. de Montrond.
– Ma foi, si le potage était aussi chaud que le vin blanc, le vin aussi vieux que l'oie et l'oie aussi grasse que la marquise, ça ne serait pas si mal. »

CURNONSKY

Je ne sais plus que faire : j'ai consulté deux médecins. Le premier veut m'envoyer à Pau pour une maladie de foie, et le second à Foix pour une maladie de peau.

FRANCIS BLANCHE

On ne sait pas de quoi il est mort, d'ailleurs on ne sait pas de quoi il vivait !

COLUCHE

« Comment faites-vous pour éviter la chute des cheveux ?
– Je fais un pas de côté. »

GROUCHO MARX

Si l'on y réfléchit bien, le Christ est le seul anarchiste qui ait vraiment réussi.

ANDRÉ MALRAUX

Dans certains dîners, si je n'étais pas là, comme je m'ennuierais !

ALFRED CAPUS

Un nègre en matière de littérature, c'est un Blanc qui travaille au noir pour le compte d'un écrivain marron.

POPECK

Il est beau le progrès ! Quand on pense que la police n'est même pas fichue de l'arrêter...

PIERRE DAC

C'est drôle comme les gens qui se croient instruits éprouvent le besoin de faire chier le monde.

BORIS VIAN

Un jury est constitué de douze personnes choisies pour décider qui a le meilleur avocat.

ROBERT LEE FROST

Je vais bien. Si tout le monde allait aussi bien que moi, j'irais beaucoup mieux.

GUY BEDOS

Il y a des gens qui parlent, qui parlent jusqu'à ce qu'ils aient trouvé quelque chose à dire.

SACHA GUITRY

Le travail ne me fatigue pas, c'est la fatigue qui me travaille.

GEORGES WOLINSKI

Un matin si gris que les oiseaux se recouchent.

JULES RENARD

Si les cafés de Londres avaient des terrasses comme à Paris, on y boirait de l'eau de pluie.

WILLIAM SOMERSET MAUGHAM

Avec mes gains au baccara, je me suis acheté une casquette de yachtman. Avec mes pertes, j'aurais pu me payer le bateau.

TRISTAN BERNARD

S'il n'est pas permis de vivre très vieux, qu'on nous laisse au moins naître plus tôt.

PIERRE DAC

Cette montre, j'y tiens beaucoup. Elle me vient de mon grand-père. Il me l'a vendue sur son lit de mort.

WOODY ALLEN

Les pauvres ne sont pas raisonnables. Non contents de ne pas avoir le nécessaire, les voilà qui réclament le superflu.

YVAN AUDOUARD

On dit d'un accusé qu'il est cuit quand son avocat n'est pas cru.

PIERRE DAC

Les villes devraient être construites à la campagne, l'air y est tellement plus pur.

ALPHONSE ALLAIS

Il vaut mieux gâcher sa jeunesse que de n'en rien faire du tout.

PIERRE DAC

Un Indien qui a la rougeole n'a pas l'air contagieux.

JOSÉ ARTUR

La France va mieux, oui, non pas mieux que l'année dernière mais mieux que l'année prochaine !

COLUCHE

Que tu étais jolie hier au téléphone !

SACHA GUITRY

Les jambes permettent aux hommes de marcher et aux femmes de faire leur chemin.

ALPHONSE ALLAIS

Quelle est la première chose que fait une blonde le matin ? Elle rentre chez elle !

Quand on a la santé, c'est pas grave d'être malade.

FRANCIS BLANCHE

Je n'ai jamais pu voir les épaules d'une jeune femme sans songer à fonder une famille.

GROUCHO MARX

Nous parlons de tuer le temps comme si, hélas ! ce n'était pas lui qui nous tuait.

ALPHONSE ALLAIS

Abolissons la peine de mort, mais que Messieurs les assassins commencent.

ALPHONSE KARR

La dernière chose qui vieillit chez une femme, c'est son âge.

DOCTEUR AMINADO

Il y a trois temps qui déplaisent souverainement aux jardiniers : le temps sec, le temps pluvieux et le temps en général.

PIERRE DANINOS

« Je suis deux régimes en même temps.

– Pour maigrir plus vite ?

– Non, parce qu'avec un seul, je n'avais pas assez à manger. »

BARRY MARTER

C'est mal de traiter un gros de gros, mais d'un autre côté, on court plus vite qu'eux !

MARSHA WARFIELD

J'ai arrêté l'alcool. J'en avais marre de me réveiller nu sur le toit de ma voiture avec les clés dans les fesses.

ROBIN WILLIAMS

Maintenant ils écrivent sur les bouteilles : « Attention, l'alcool est dangereux pour les femmes enceintes. » Entre nous, si l'alcool n'existait pas, y a beaucoup de femmes qui ne seraient jamais enceintes.

RITA RUDNER

La bêtise est infiniment plus fascinante que l'intelligence. L'intelligence, elle, a des limites tandis que la bêtise n'en a pas.

CLAUDE CHABROL

Le rire est à l'homme ce que la bière est à la pression.

ALPHONSE ALLAIS

Un mauvais pli est vite pris. Surtout quand il est recommandé.

PIERRE DAC

Il fait toujours un temps de saison. Mais on ne sait jamais laquelle.

YVAN AUDOUARD

Elle avait un nez si gros que pour l'embrasser sur les deux joues, on avait plus vite fait de passer par-derrière.

TRISTAN BERNARD

Elle était tellement paresseuse qu'elle ne faisait même pas son âge.

JEAN-MARC FONTENEAU

J'ai pas peur de l'avouer, j'avais quarante ans passés, eh bien, le jour de la mort de Brassens, j'ai pleuré comme un môme. J'ai vraiment pas honte de le dire. Alors que – c'est curieux – le jour de la mort de Tino Rossi j'ai repris deux fois des moules.

PIERRE DESPROGES

Un monsieur me dit : « Je me félicite de votre succès ! » Je lui ai répondu :
« Mais vous n'y êtes pour rien !... »

RAYMOND DEVOS

Le temps passe et les œufs durent.

DANIEL PRÉVOST

Il est faux que les femmes frigides vivent plus longtemps que les autres. Simplement, le temps leur semble plus long.

FRANÇOIS CAVANNA

Les femmes ont tous les défauts : elles sont autoritaires, dépensières, sans culture. Et le pire de tous : elles sont jolies.

PAUL MORAND

Si l'administration militaire faisait correctement son travail, il n'y aurait pas de Soldat inconnu.

FRANÇOIS CAVANNA

L'amour est aveugle, mais le mariage lui rend la vue.

GEORG C. LICHTENBERG

Je suis un voyant amnésique. Je sais par avance les choses que je vais oublier.

MICHAEL M. SHANE

Il y a bien le patron des patrons, pourquoi pas l'ouvrier des ouvriers ?

JOSÉ ARTUR

Nous allons faire une danse de la pluie. Vendredi soir. Si le temps le permet.

GEORGE CARLIN

Quand on a faim, on trouve toujours un copain qui vous paie à boire.

ALEXANDRE BREFFORT

Le mot le plus sournois de la langue française est « déclaration ». Comment peut-il servir à la fois pour la guerre, les impôts et l'amour ?

PATRICK SÉBASTIEN

Quand deux maisons ne se touchent pas, ça fait une rue.

JULES RENARD

Les amis font toujours plaisir, assurait-il. Si ce n'est pas quand ils arrivent, c'est quand ils partent.

ALPHONSE KARR

Si on ne faisait les choses qu'après y avoir mûrement réfléchi, on ne coucherait jamais avec personne.

RAY BRADBURY

Le Trésor public fait de plus en plus de retenue à la source. J'attends l'étape suivante, quand le percepteur viendra demander du fric directement aux mecs qui vont bosser le matin. On paie, sinon on ne peut pas aller travailler.

JEAN YANNE

Tout électeur a besoin d'avoir une femme dans sa vie. Il ne peut pas tout mettre sans cesse sur le dos du gouvernement.

JACQUES MAILHOT

On ne doit pas croire tout ce qu'on nous dit. Mais on peut le raconter...

COLUCHE

Les cons ne mènent pas le monde, mais pour mener le monde il faut plaire aux cons.

FRANÇOIS CAVANNA

Un concerné n'est pas obligatoirement un imbécile encerclé.

PIERRE DAC

J'ai un chien qui mord tout le monde sauf moi. C'est assez agréable.

SERGE GAINSBOURG

Pastis contre Ricard ? Halte à la guerre des polices.

JEAN-MARIE GOURIO

Il ne suffit pas d'être heureux : il faut encore que les autres ne le soient pas.

JULES BERNARD

Je suis très velu, j'ai été élu Monsieur Angora à Saint-Tropez.

JEAN YANNE

« Comment, demandait un journaliste à François Périer, expliquez-vous, chez vous, un si grand naturel ?
– C'est que, répondit le comédien, j'ai trois sortes de naturel : un pour la ville, un pour la scène et un pour l'écran. »

Mieux vaut 50 % de gens qui ne vous aiment pas, plutôt que 100 % qui ne vous connaissent pas.

POPECK

Il ne faut jamais juger les gens sur leurs fréquentations. Tenez, Judas, par exemple, il avait des amis irréprochables.

PAUL VERLAINE

L'âge, c'est lorsque les bougies commencent à coûter plus cher que le gâteau.

BOB HOPE

Le Christ a pardonné à la femme adultère. Parbleu ! Ce n'était pas la sienne.

GEORGES COURTELINE

Je ne m'habille qu'avec les costumes que l'on me donne sur les tournages. C'est pour ça que je ne fais jamais de films d'époque.

JACQUES DUTRONC

Il n'est pas absolument nécessaire d'être con pour vivre parmi les cons. J'ai essayé, on peut !

FRÉDÉRIC DARD

Vieux, moi ? Je peux encore faire l'amour deux fois de suite. Une fois l'hiver, une fois l'été.

ALFRED CAPUS

La plupart des écrivains font leurs livres chiants pour faire croire qu'ils sont longs.

FRÉDÉRIC DARD

Les femmes adorent coucher avec des impuissants. Ce sont les seuls qui prennent la peine de parler avec elles.

GEORGES WOLINSKI

Je n'ai jamais très bien compris pourquoi une semaine de grève s'appelle une « semaine d'action ».

ANDRÉ FROSSARD

Quand le maréchal Pétain a fait don de sa personne à la France, ce n'était pas un cadeau.
Il avait l'excuse d'être trop vieux pour donner son corps à la science.

YVAN AUDOUARD

La modestie est l'art de faire dire par d'autres tout le bien que l'on pense de soi-même.

PHILIPPE BOUVARD

Pourquoi les pilotes d'avions kamikazes portent-ils un casque ? Pour moi, je les soupçonne de manquer de détermination.

SEAN MEO

Sans l'invention de la roue, les coureurs du Tour de France seraient condamnés à porter leur bicyclette sur le dos.

PIERRE DAC

Je vous prie d'excuser ma femme, elle n'est peut-être pas très belle ni riche, elle peut vous sembler être dépourvue de talent, ennuyeuse et triste mais, d'un autre côté... euh... désolé, je ne trouve rien à ajouter.

LES MONTY PYTHON

Naissance de deux jumelles – on leur souhaite longue-vue !

COLUCHE

Si vous voulez aller sur la mer, sans aucun risque de chavirer, alors n'achetez pas un bateau : achetez une île.

MARCEL PAGNOL

Un sommet européen aux Pays-Bas, ça vous donne le niveau...

LAURENT RUQUIER

Savez-vous pourquoi Dieu a crée les femmes belles et stupides ?
Belles pour que les hommes puissent les aimer, et stupides pour qu'elles puissent aimer les hommes.
Les hommes politiques, il y en a certains, pour briller en public, ils mangeraient du cirage.

COLUCHE

Claude Brasseur m'a raconté que l'autre jour, alors qu'il jouait sur scène, il y a un téléphone portable qui a sonné dans la salle. Alors il s'est approché de l'avant-scène et il a dit :

« Si c'est pour moi, dites que je travaille. »

PIERRE BÉNICHOU

J'ai un bon souvenir de Giscard d'Estaing. Je devais le rencontrer, j'avais été invité, et puis ça a été annulé.

JEAN YANNE

Je ne parle pas de politique. Ce n'est pas mon truc. Je préfère jouer du concertina. C'est peut-être l'instrument de l'alternance : quand on appuie à droite, ça souffle à gauche, quand on appuie à gauche, ça souffle à droite. Et à l'intérieur, c'est du vent.

RAYMOND DEVOS

Boire ou conduire, c'est un slogan génial. Mon père, qui n'a pas de voiture, s'est mis à boire depuis.

JACQUES DUTRONC

Pour que le poisson d'avril soit réussi, il faut qu'il soit cru.

JOSÉ ARTUR

Louis XVI n'eut pas de maîtresses et c'est tout ce qu'on peut en dire.

LÉON BLOY

Une conférence est une assemblée de gens importants qui ne peuvent séparément rien faire, mais qui décident ensemble que rien ne peut être fait.

FRED ALLEN

Il y a des généralités sur moi. Ça prouve que les gens s'intéressent à moi. Il n'y a pas de généralités sur François Bayrou.

BERTRAND BLIER

Les femmes pardonnent parfois à celui qui brusque l'occasion, mais jamais à celui qui la manque.

CHARLES MAURICE TALLEYRAND

Il nous faut des fous désormais. Voyez où les sains d'esprit nous ont menés !

GEORGE BERNARD SHAW

Mireille Mathieu, elle est ni à gauche ni à droite, elle est où on la pose.

GUY BEDOS

Je ne peux pas passer devant l'Opéra Bastille sans penser que j'ai peut-être payé un carreau ou deux et je trouve que c'est une des plus mauvaises affaires que j'aie jamais faites.

JEAN AMADOU

Pour savoir qu'un verre est de trop, encore faut-il l'avoir bu.

OLIVIER DE KERSAUSON

Être raisonnable, toujours, en toutes circonstances ?! Il faudrait être fou...

RAYMOND DEVOS

Il faisait si froid que le lait gelait dans les mamelles.

JEAN CARMET

Gardons-nous de donner la parole aux cons. Ils ne veulent jamais la rendre.

PHILIPPE BOUVARD

Quand mes parents émigrèrent d'Irlande pour chercher fortune en Amérique, ils vivaient avec l'idée que, là-bas, les rues étaient pavées d'or. Dès son arrivée, mon père fit trois constatations :
1) Les rues n'étaient pas pavées d'or.
2) Elles n'étaient même pas pavées du tout.
3) Pour les paver, on comptait sur lui.

BURT LANCASTER

L'amour rend fou. Il y a que la guerre qui Rambo.

COLUCHE

On ne devrait tromper sa femme que quand elle est jolie. Sans ça, on doit avoir l'impression que les filles vous accordent ça pour vous consoler.

BORIS VIAN

La Légion d'honneur, c'est comme les hémorroïdes, n'importe quel cul peut l'avoir.

JEAN YANNE

Un paresseux est un homme qui ne fait pas semblant de travailler.

ALPHONSE ALLAIS

Les femmes, c'est comme les chaussures : quand on les quitte il faut y mettre les formes.

PIERRE DAC

Dans certains magasins, les prix étant affichés en francs et en euros, il y a des Belges qui payent deux fois...

LAURENT RUQUIER

Quelle haleine ! Il n'a jamais pu attraper une mouche vivante.

JULES RENARD

Un romantique, après l'amour, il déprime... Les femmes, avec les romantiques, c'est pendant qu'elles dépriment.

PATRICK TIMSIT

Je vis tellement au-dessus de mes moyens que, pour ainsi dire, nous vivons à part.

SAKI

L'humour juif, c'est de faire rire avec une histoire qui a un double sens et qu'on ne comprend qu'à moitié.

POPECK

Ne fais pas aux autres ce que tu voudrais qu'ils te fassent : leurs goûts peuvent être différents.

GEORGE BERNARD SHAW

Mon frère jumeau est tellement narcissique qu'il n'arrête pas de me regarder.

PHILIPPE GELUCK

Quand un enfant prodige est devenu grand, il ne sait plus quoi faire.

FRANÇOIS CAVANNA

Quand un cachalot vient de droite, il est prioritaire. Quand il vient de gauche aussi.

OLIVIER DE KERSAUSON

L'inquiétude, c'est comme un intérêt payé par avance sur une dette qui n'existera pas.

DAVID MAMET

L'intelligence est à l'image de l'amour... dire qu'on aime, c'est facile... le prouver est plus difficile.

JEAN AMADOU

Je ne comprends pas les Anglais! Tandis qu'en France nous donnons à nos rues des noms de victoires: Wagram, Austerlitz... là-bas, on leur colle des noms de défaite: Trafalgar Square, Waterloo Place...

ALPHONSE ALLAIS

La France est un pays extrêmement fertile. On y plante des fonctionnaires, il y pousse des impôts.

GEORGES CLEMENCEAU

L'administration aura désormais deux mois pour répondre au courrier des usagers: les fonctionnaires ont choisi juin et novembre!

LAURENT RUQUIER

Quand je dis que ma richesse est intérieure je veux dire que mon argent est dans un coffre.

PHILIPPE GELUCK

Les femmes, j'ai compris, il y a trois étapes: En un, tu les fais rire, en deux, tu les fais jouir, en trois, tu les fais chier... Et il ne faut surtout pas sauter les deux premières étapes.

PATRICK TIMSIT

Le businessman américain est un monsieur qui, toute la matinée, parle de golf à son bureau et qui, le reste de la journée, discute affaires sur un terrain de golf.

JERRY LEWIS

Pour se marier, il faut être deux, pour le rester, il faut être au minimum trois.

JOSÉ ARTUR

La bonne éducation consiste à cacher tout le bien que nous pensons de nous-même et le peu de bien que nous pensons des autres.

MARK TWAIN

Le meilleur lifting, c'est l'amour. Mais, en général, c'est peut-être plus facile de trouver un chirurgien esthétique qu'un homme qui vous aime.

EMMANUELLE BÉART

Tout le monde sait que les conserves récoltées pour les pauvres par des organismes tels que le Secours catholique sont toujours périmées. C'est une gigantesque tentative d'empoisonnement des malheureux !

CLAUDE CHABROL

Maurice Couve de Murville : C'est un homme extrêmement modeste... et qui a toutes les raisons de l'être.

GEORGES POMPIDOU

J'ai arrêté de croire au père Noël le jour où, dans une galerie marchande, il m'a demandé un autographe.

JACQUES DUTRONC

Le plat du jour c'est bien, à condition de savoir à quel jour remonte sa préparation.

PIERRE DAC

Si l'argent ne fait pas le bonheur, rendez-le !

JULES RENARD

À vendre pour cause de myopie : villa donnant sur un camp de nudistes.

COLUCHE

Les hommes naissent égaux. Dès le lendemain, ils ne le sont plus.

JULES RENARD

Comestible : Susceptible d'être mangé et digéré, comme un ver pour un crapaud, un crapaud pour un serpent, un serpent pour un cochon, un cochon pour l'homme et l'homme pour le ver.

AMBROSE BIERCE

Boire du café empêche de dormir. En revanche, dormir empêche de boire du café.

PHILIPPE GELUCK

Les chevaux ont un bon sens qui les dissuade d'engager des paris sur les humains.

W. C. FIELDS

Le tranquillisant se présente sous forme liquide. Il existe également sous forme de suppositoire mais c'est moins désaltérant.

BERTRAND BLIER

L'eau conduit l'électricité, mais si tu mets du vin dedans, elle a plus le droit de conduire.

JEAN-MARIE GOURIO

Les cygnes chantent avant de mourir. Certaines personnes feraient bien de mourir avant de chanter.

GEORGE BERNARD SHAW

Le beurre demi-sel ? C'est celui qu'on trouve dans les livres de messe, non ?

JEAN YANNE

Un cheval, c'est malcommode au centre et dangereux aux deux extrémités.

WINSTON CHURCHILL

C'est une fille qui a un incendie entre les jambes... On n'est pas des hommes, pour elle, on est des extincteurs...

BERTRAND BLIER

C'est quand on commence à payer des pensions alimentaires qu'on se rend compte à quel point un mois ça passe vite !

JEAN YANNE

Il ne faut jamais gifler un sourd. Il perd la moitié du plaisir. Il sent la gifle, mais ne l'entend pas.

GEORGES COURTELINE

La grippe, ça dure huit jours si on la soigne et une semaine si on ne fait rien.

RAYMOND DEVOS

Si les lentilles vous font péter, portez des lunettes.

PHILIPPE GELUCK

La lune serait habitée, on n'oserait plus bronzer à poil sur les balcons.

JEAN-MARIE GOURIO

Tout le monde sait qu'en cas d'insomnie, il suffit d'additionner mouton après mouton pour s'endormir. Mais combien de personnes savent que, pour rester éveillé, il suffit de soustraire les moutons ?

LES MARX BROTHERS

Quand je décide de me remettre au sport, j'achète *L'Équipe*.

JOSÉ ARTUR

La célébrité, ça me pèse quand je porte ma fille d'un côté, une valise de l'autre, que j'ai un train à prendre et qu'un abruti me demande un autographe.

THIERRY LHERMITTE

Un bon mari ne se souvient jamais de l'âge de sa femme, mais de son anniversaire, toujours.

JACQUES AUDIBERTI

Je dois ma carrière à ma mère. Si elle avait cru en moi, je me serais contentée d'être secrétaire.

BARBRA STREISAND

N'écoutant que son courage, qui ne lui disait rien, il se garda d'intervenir.

JULES RENARD

J'interromps cette émission de radio pour vous dire que la police vient d'établir le signalement du principal suspect du triple meurtre dont nous avons parlé aux infos. L'homme a entre vingt-cinq et cinquante-cinq ans, il porte un costume sombre, une chemise blanche et une cravate. Merci aux auditeurs qui ont pu voir cet homme ou seulement cru le voir de contacter le poste de police le plus proche de chez eux.

LES MONTY PYTHON

Passer pour un idiot aux yeux d'un imbécile est une volupté de fin gourmet.

GEORGES COURTELINE

Nous deviendrons tous poètes, nous allons tous faire des vers...

GEORGES JACQUES DANTON

Je suis très masochiste. Ça pose énormément de problèmes mais j'adore les subir.

CLAUDE CHABROL

« Bien des choses à votre femme !
– Aucune. Elle choisirait les plus indécentes. »

JULES RENARD

Il y a trois choses dans la vie que je ne supporte pas : le café brûlant, le champagne tiède et les femmes froides.

ORSON WELLES

Michel Debré : Si tout le monde avait le derrière aussi triste que Debré a la figure, il paraît évident qu'il n'y aurait, sur cette Terre, pas un seul pédéraste.

ANDRÉ FIGUERAS

Un optimiste est un monsieur qui croit qu'une dame a terminé sa conversation téléphonique parce qu'elle dit « au revoir ».

MARCEL ACHARD

Il est dangereux de se baigner moins de trois heures après avoir mangé des champignons vénéneux.

FRANÇOIS CAVANNA

L'allemand, c'est la langue où je me tais de préférence.

JULES RENARD

Je m'intéresse beaucoup à la bêtise parce qu'elle est finalement assez incompréhensible. Je suis toujours frappé de voir des gens intelligents se laisser entraîner à accepter une décoration.

CLAUDE CHABROL

Paul Newman : Il est riche, beau, toujours amoureux de sa femme et participe encore à des courses automobiles. Après avoir dîné avec lui on a envie de se suicider.

ROBERT REDFORD

J'adore Marcel Marceau. Avec lui, les mimes ont trouvé leur porte-parole.

RAYMOND DEVOS

Il était à la fois aveugle et paralytique et ne trouvait aucun avantage au cumul de ces deux infirmités.

TRISTAN BERNARD

J'ai connu un pépiniériste tellement myope qu'il s'était spécialisé dans la culture des cyprès.

LES FRÈRES ENNEMIS

Je ne veux pas accéder à l'immortalité par mon œuvre, je veux y accéder en ne mourant pas.

WOODY ALLEN

Je ne sais plus pourquoi j'ai arrêté de boire. Je devais être bourré ce jour-là.

JACQUES DUTRONC

À l'armée, ils m'ont trouvé un QI de 21. C'est moins qu'une huître.

JEAN YANNE

Le mieux, dans la vie, c'est encore de rien foutre. C'est vraiment la plus chouette des occupations, mais attention, y a vachement de concurrence.

COLUCHE

La beauté, pour une femme, c'est d'être aussi bien de fesses que de face.

RAYMOND QUENEAU

N'apprenez jamais à faire quoi que ce soit; si vous n'apprenez pas, vous trouverez toujours quelqu'un d'autre qui le fera à votre place.

MARK TWAIN

Si vous devez vous prendre vous-même comme objet d'une leçon à vos enfants, faites en sorte que ce soit comme une mise en garde plutôt que comme un exemple.

GEORGE BERNARD SHAW

Juppé a une tête à se faire gifler par Gabin dans un film en noir et blanc.

GUY BEDOS

La mort est une formalité désagréable, mais tous les candidats sont reçus.

PAUL CLAUDEL

Quand on fait le mort, c'est naturellement un rôle de décomposition.

SERVANE PRUNIER

Lisant l'avis de son décès dans un journal, Rudyard Kipling rédige un courrier à l'adresse de son directeur :
« Monsieur le Directeur,
Comme vous êtes généralement bien informé, cette nouvelle doit être exacte. C'est pourquoi je vous prie d'annuler mon abonnement, qui ne me serait désormais d'aucune utilité. »

Si haut qu'on monte, on finit toujours par des cendres.

HENRI ROCHEFORT

Qu'est-ce que la mort ?
Un mauvais moment à trépasser.

CLAUDE AVELINE

« Dans cent ans, qu'aimeriez-vous que l'on dise de vous ?
– J'aimerais que l'on dise : il se porte bien pour son âge. »

WOODY ALLEN

Je n'aime pas les enterrements et j'ai décidé que je n'irai plus qu'au mien.

GEORGES WOLINSKI

Peut-on rire du malheur des autres ? Ça dépend... Si le malheur des autres est rigolo, oui.

PHILIPPE GELUCK

Si un jour je commettais un meurtre, je me débarrasserais du corps en faisant des plats cuisinés. Parce que quand on jette un bras dans une poubelle, il y a toujours quelqu'un pour s'en rendre compte et on se fait cravater, alors que si on jette un restant de hachis Parmentier, les gens au pire disent que c'est du gaspillage, mais n'appellent pas la police pour autant !

JEAN YANNE

Les vieillards, il faudrait les tuer jeunes.

ALFRED JARRY

Découvrant les honoraires de son médecin :
« Docteur, je meurs au-dessus de mes moyens. »

OSCAR WILDE

Je devais être fusillé ce matin à six heures. Mais comme j'avais eu un bon avocat, le peloton n'arriva qu'à six heures et demie.

WOODY ALLEN

Le malchanceux, c'est celui qui prépare tranquillement un nœud coulant dans un bois pour se pendre et qui se fait arrêter par le garde champêtre pour pause illicite de collet.

FRANCIS BLANCHE

« Moi, la mort ça me dérange tout de même, me dit un jour une vieille dame (qui est morte depuis), je n'aime pas changer mes habitudes. »

ALEXANDRE VIALATTE

Le métier de croque-mort n'a aucun avenir. Les clients ne sont pas fidèles.

LÉON-PAUL FARGUE

Quand on a l'intention de se suicider en se jetant du haut d'un immeuble, on a intérêt à le choisir le plus élevé possible, de façon à avoir le temps de changer d'avis.

FRANÇOIS CAVANNA

Pour certains, la mort c'est la seule façon qu'ils ont de se prouver qu'ils étaient vivants.

JACQUES DUTRONC

Les noyés remontent toujours à la surface. Trop tard en général.

ROLAND GUYARD

Pourquoi ne mettrait-on pas sur un corbillard :
« Il est mort parce qu'il ne buvait pas de quinquina Dubonnet » ou encore : « Il ne portait pas de chaussures Raoul. » Les gens superstitieux permettraient ainsi de faire fortune à bien des industries nationales.

FRANCIS PICABIA

« Quel effet ça fait d'avoir soixante-dix ans et mèche ?
– On regarde les menuisiers avec moins de sympathie. Une belle forêt de sapins, on s'y promène moins volontiers. On recherche plutôt les endroits dégagés. »

BERTRAND BLIER

Il faut rire de la mort ! Surtout, quand c'est celle des autres.

GUY BEDOS

Un homme qui meurt par noyade revoit en un éclair toute sa vie passée, alors qu'il ferait mieux de nager.

FRANÇOIS CAVANNA

À un ami qui lui proposait de se changer les idées en allant au cinéma après le décès de son père, André Frédérique répondit :
« D'accord, mais pas de film en couleurs, je suis en deuil. »

Les morts ont de la chance : ils ne voient leur famille qu'une fois par an, à la Toussaint.

PIERRE DORIS

Une enquête récente a démontré que 90 % des enterrés vivants reprennent conscience dans le corbillard qui les emporte vers le cimetière, mais ils n'osent rien dire de peur d'avoir l'air ridicule.

FRANÇOIS CAVANNA

Si je deviens centenaire, je me lèverai chaque matin pour lire les faire-part nécrologiques des journaux, si mon nom n'y est pas, je retournerai me coucher.

PAUL LÉAUTAUD

La mort est une libération. Surtout pour la famille.

OLIVIER DE KERSAUSON

Le président ne sait pas faire deux choses à la fois. Malheureusement pour les Américains, il mâche sans cesse du chewing-gum.

LYNDON B. JOHNSON

Il y a des vies où on n'a envie de ne rien faire.

JOSÉ ARTUR

Pour une femme, tout événement, même un deuil, se termine par un essayage.

MARCEL PROUST

Ce qu'il y a de plus beau dans les cimetières ce sont les mauvaises herbes.

FRANCIS PICABIA

Moi, le seul voyage qui m'intéresse, c'est la mort. Parce qu'on ne rapporte pas de diapos.

GEORGES WOLINSKI

Noël au scanner, Pâques au cimetière.

PIERRE DESPROGES

De sa dernière épouse, bien plus jeune que lui :
« Ces mains qui fermeront mes yeux et ouvriront mes armoires. »

SACHA GUITRY

Picasso est espagnol, moi aussi ! Picasso est un génie, moi aussi ! Picasso est communiste, moi non plus !

SALVADOR DALÍ

Je viens de croiser Régine qui revenait de l'institut de beauté. À mon avis, c'était fermé.

COLUCHE

La devise des Kennedy : Ne pas se laisser abattre.

FRÉDÉRIC DARD

Lorsque les trains déraillent, ce qui me fait de la peine, ce sont les morts de première classe.

SALVADOR DALÍ

Un chien a mordu une vieille dame. Vous vous rendez compte de la vie de ces pauvres bêtes : être obligé de manger des vieux.

COLUCHE

La mort n'est, en définitive, que le résultat d'un défaut d'éducation puisqu'elle est la conséquence d'un manque de savoir-vivre.

PIERRE DAC

Moi j'aime bien ça, les vieux. Surtout quand ils sont vivants.

BERTRAND BLIER

Il paraît que pour enregistrer un disque il faut coucher avec le producteur. Imaginez la gueule du type qui a fait faire un disque à Sim.

COLUCHE

Si les généraux sont si cons, c'est parce qu'on les recrute parmi les colonels.

GEORGES CLEMENCEAU

C'est rudement commode un enterrement. On peut avoir l'air maussade avec les gens : ils prennent cela pour de la tristesse.

JULES RENARD

Beaucoup de gens sont malades quand ils sont vieux... C'est triste... D'un autre côté, ça les occupe.

PHILIPPE GELUCK

Une bonne affaire : acheter toutes les femmes au prix qu'elles valent et les revendre au prix qu'elles s'estiment.

JULES RENARD

Un au-delà ? Pourquoi pas ? Pourquoi les morts ne vivraient-ils pas ? Les vivants meurent bien.

CHAVAL

Après tout, ce n'est pas si désagréable que ça de vieillir, quand on pense à l'autre éventualité.

MAURICE CHEVALIER

« À l'éternel féminin ! » comme disait le monsieur dont la belle-mère n'en finissait pas de mourir.

ALPHONSE ALLAIS

À une veuve :
« Je n'ai pas pu assister aux obsèques de votre mari, étant moi-même assez souffrant. »

FRANCIS BLANCHE

Je sais que je mourrai des suites d'une longue convalescence.

FRÉDÉRIC DARD

Maintenant que je suis vieux, lorsque je parcours un cimetière, j'ai l'impression de visiter des appartements.

ÉDOUARD HERRIOT

Fatigué et âgé, Yves Mirande confie à un ami lors d'un enterrement :

« Je crois, mon cher, que c'est la dernière fois que je viens ici en amateur. »

La guillotine, c'est le prix Goncourt des assassins.

LOUIS-FERDINAND CÉLINE

Les veufs pleurent le plaisir qu'ils avaient à tromper leur femme.

ROBERT DE MONTESQUIOU

Quand on pend un raciste, il devient tout noir.

FRANÇOIS CAVANNA

Si vous avez à choisir entre demeurer avec votre belle-mère ou vous brûler la cervelle : n'hésitez pas, brûlez-la-lui.

VICTORIEN SARDOU

La différence entre le sexe et la mort, c'est que vous pouvez mourir tout seul sans que quelqu'un se moque de vous.

WOODY ALLEN

Né vieux, je n'ai même pas su mourir jeune.

PIERRE DRACHLINE

Le couple, c'est autrui à bout portant.

JACQUES CHARDONNE

On n'aime que les femmes qu'on rend heureuses.

MARCEL ACHARD

« J'ai été mariée deux fois, et même deux fois et demie !
– Et demie ?
– Oui. J'ai eu deux maris et une faiblesse. »

MARCEL PAGNOL

Un célibataire est quelqu'un qui, chaque matin, arrive au travail d'une direction différente.

SHOLEM ALEICHEM

À trente ans, une femme doit choisir entre son derrière et son visage.

COCO CHANEL

Depuis que ma femme gagne plus que moi, je la trouve moins belle.

GEORGES WOLINSKI

Il y a des femmes désespérées sur lesquelles toute lingerie a l'air d'un pansement.

BERTRAND BLIER

J'aime les hommes qui ont de l'avenir et les femmes qui ont un passé.

OSCAR WILDE

Je ne crois pas beaucoup à la loi de la pesanteur, il est en effet plus facile de lever une femme que de la laisser tomber.

GEORGES COURTELINE

Je ne suis pas infâme, je suis une femme.

JEAN-LUC GODARD

La dernière fois que j'ai pénétré dans une femme, c'était dans la statue de la Liberté.

WOODY ALLEN

L'amour ? On s'enlace.

FRÉDÉRIC DARD

Le meilleur moment de l'amour, c'est quand on monte l'escalier.

GEORGES CLEMENCEAU

L'homme bien élevé vit chez sa maîtresse et meurt chez sa femme.

HENRY BECQUE

Mes parents me détestaient tellement que je suis doublé sur les films de famille.

JIM WHITE

Un critique, c'est un journaliste que sa nana a plaqué pour un acteur.

WALTER WINCHELL

Mais alors, si Dieu n'existe pas, qui ouvre les portes automatiques dans les grands magasins ?

PATRICK MURRAY

Une femme sans homme, c'est comme un poisson sans vélo.

RODNEY DART

Un gentleman, c'est quelqu'un qui sait jouer de la cornemuse mais qui s'en abstient.

THOMAS BEECHAM

Nous avons des raisons de penser qu'historiquement le premier homme qui s'est mis debout voulait simplement se libérer les mains pour pouvoir se masturber.

LILY TOMLIN

Je suis trop timide pour exprimer ouvertement mes pulsions sexuelles autrement qu'au téléphone et à des gens que je ne connais pas.

GARRY SHANDLING

J'ai tellement été surpris de naître que je n'ai même pas eu le temps de m'habiller.

JERRY FARINOTTI

À 17 ans, je suis sortie avec un homme de 59 ans. Sexuellement c'était parfait parce que les choses qu'il ne pouvait plus faire, c'était celles dont j'ignorais encore l'existence.

CAROL HENRY

À l'école, mes copains voulait faire l'amour à tout ce qui bougeait. Je ne voyais moi aucune raison valable pour me limiter à ça.

EMO PHILIPS

Les murs de mon appartement sont si minces qu'à chaque fois que mes voisins font l'amour, j'ai un orgasme.

LINDA HERSKOVIC

Étonnant : en Géorgie, celui qui sodomise quelqu'un est jeté en prison, où il est sûr de se faire sodomiser.

ROBBIN WILLIAMS

Pour voir loin, il faut y regarder de près.

PIERRE DAC

Je ne fais pas grand-chose, mais tout le temps.

JOSÉ ARTUR

Dans le passé, il y avait plus de futur que maintenant.

PHILIPPE GELUCK

Il y a des bêtises que j'ai faites, uniquement pour avoir le plaisir de les raconter.

SACHA GUITRY

Il ne peut pas y avoir de crise la semaine prochaine : mon agenda est déjà plein.

HENRY KISSINGER

La meilleure façon de ne pas avancer est de suivre une idée fixe.

JACQUES PRÉVERT

Deux choses sont infinies : l'univers et la bêtise humaine, en ce qui concerne l'univers, je n'ai pas acquis la certitude absolue.

ALBERT EINSTEIN

Vous avez parfaitement le droit de dire à un fumeur qu'il fume trop s'il fume votre tabac.

SACHA GUITRY

Le problème avec le sens de l'humour, c'est la facilité avec laquelle chacun prétend en être pourvu.

ALAIN DE BOTTON

Il vaut mieux être cocu que ministre... ça dure plus longtemps et l'on n'est pas obligé d'assister aux séances.

LÉO CAMPION

La théorie, c'est quand on sait tout et que rien ne fonctionne. La pratique, c'est quand tout fonctionne et que personne ne sait pourquoi. Ici, nous avons réuni théorie et pratique : Rien ne fonctionne... et personne ne sait pourquoi !

ALBERT EINSTEIN

L'humour c'est l'eau de l'au-delà mêlée au vin d'ici-bas.

JEAN ARP

Il y a des globules rouges, il y a des globules blancs, ça semble clair qu'il doit aussi y avoir des globules rosés...

JEAN CARMET

Le premier homme qui est mort a dû être drôlement surpris.

GEORGES WOLINSKI

Il vaut mieux prêter à sourire que donner à réfléchir.

LES NULS

Trop de repos n'a jamais fait mourir personne.

TRISTAN BERNARD

Une religion sans surnaturel, cela me fait penser à une annonce que j'ai lue ces années-ci dans les grands journaux : vin sans raisin.

EDMOND ET JULES DE GONCOURT

Il ne faut pas désespérer des imbéciles, avec un peu d'entraînement on peut en faire des militaires.

PIERRE DESPROGES

Il n'y a pas de fumeur sans feu.

JOSÉ ARTUR

Si le gouvernement créait un impôt sur la connerie, il serait tout de suite autosuffisant.

JEAN YANNE

L'ennui, c'est que nous négligeons le football au profit de l'éducation.

GROUCHO MARX

Les mots en ont toujours un pour rire.

BERNARD PIVOT

La suite au prochain apéro.

FRANÇOIS MOREL

Les pommes de terre cuites sont tellement plus faciles à digérer que les pommes en terre cuite !

ALPHONSE ALLAIS

Mourir, ce n'est rien. Commence donc par vivre. C'est moins drôle et c'est plus long.

JEAN ANOUILH

Les hommes naissent égaux et puis... ils se mettent à boire.

COLUCHE

Un alcoolique, c'est quelqu'un que vous n'aimez pas et qui boit autant que vous.

COLUCHE

L'alcool tue lentement. On s'en fout. On n'est pas pressés.

GEORGES COURTELINE

Le pastis, c'est comme les seins. Un c'est pas assez et trois c'est trop.

FERNANDEL

Dans certaines situations, il n'y a qu'une chose à faire : rien. Mais il faut le faire tout de suite, sans attendre une minute de plus. On perd toujours trop de temps avant d'agir.

ANDRÉ FROSSARD

Mieux vaut ne penser à rien que ne pas penser du tout.

SERGE GAINSBOURG

Je ne connais absolument rien à la musique. Pour ce que je fais, je n'en ai pas besoin !

ELVIS PRESLEY

La justice est gratuite. Heureusement elle n'est pas obligatoire.

JULES RENARD

La politesse exige que deux personnes qui se croisent lèvent ensemble leurs parapluies et s'accrochent.

JULES RENARD

L'esprit, c'est comme l'argent : on en a en général aux dépens d'autrui.

CLAUDE ROY

L'alcool est un produit très nécessaire... Il permet au Parlement de prendre à onze heures du soir des décisions qu'aucun homme sensé ne prendrait à onze heures du matin.

GEORGE BERNARD SHAW

Notre pays est la seule nation au monde où il y a autant de problèmes qu'ailleurs.

GEORGE BERNARD SHAW

La chute d'Adam et d'Ève. Une erreur de genèse.

BORIS VIAN

Il y a des gens sur qui on peut compter. Ce sont généralement des gens dont on n'a pas besoin.

SACHA GUITRY

Quand on n'a plus de cheveux, on trouve les cheveux longs ridicules.

PAUL LÉAUTAUD

La tâche première d'un commandant d'hommes est de préserver ses hommes de la mort. Autrement de commandant on devient gardien de cimetière.

ALBERT LONDRES

Le gouvernement a un bras long et un bras court; le long sert à prendre et arrive partout, le bras court sert à donner, mais il n'atteint que les plus proches.

IGNAZIO SILONE

Beaucoup d'hommes ont une idée derrière la tête. Très loin derrière, presque toujours.

JACQUES STERNBERG

La force c'est de pouvoir casser une barre de chocolat en quatre et de n'en manger qu'un carré.

JUDITH VIORST

Oh! faire son voyage de noces tout seul!

JULES RENARD

Il ne faut jamais faire de projets surtout en ce qui concerne l'avenir.

ALPHONSE ALLAIS

Ne remets pas à demain ce que tu peux faire après-demain.

ALPHONSE ALLAIS

Pour être patron, il ne faut pas être trop intelligent.

JEAN GELAMUR

Tous les jours, Dieu s'installe sur le trône de la justice pour juger le monde. Mais quand il s'aperçoit que le monde mériterait tout à fait d'être détruit, il abandonne alors ce trône pour aller s'asseoir sur celui de la Miséricorde.

LE TALMUD

L'homme est imparfait, mais ce n'est pas étonnant si l'on songe à l'époque où il fut créé.

ALPHONSE ALLAIS

L'homme ne tue pas seulement pour manger, il boit aussi.

ALPHONSE ALLAIS

Je ne suis pas de ceux qui s'imaginent qu'ils n'ont qu'à ouvrir la bouche pour que les alouettes tombent rôties. Non, mais tout de même j'ouvre la bouche de temps en temps.

ALPHONSE ALLAIS

La chenille devient papillon, le cochon devient saucisson, c'est une grande loi de la nature.

FRANÇOIS CAVANNA

Les hommes se contentent de tuer le temps en attendant que le temps les tue.

SIMONE DE BEAUVOIR

L'homme n'est pas fait pour travailler. La preuve, c'est que ça le fatigue.

GEORGES COURTELINE

Mieux vaut penser le changement que changer de pansement.

FRANCIS BLANCHE

On ne ment jamais autant qu'avant les élections, pendant la guerre et après la chasse.

GEORGES CLEMENCEAU

Quatre-vingts ans, c'est l'âge de la puberté académique.

PAUL CLAUDEL

Qu'est-ce qu'un adulte ? Un enfant gonflé d'âge.

SIMONE DE BEAUVOIR

Une erreur peut devenir exacte, selon que celui qui l'a commise s'est trompé ou non.

PIERRE DAC

On ne prête qu'aux riches... et on a bien raison : les pauvres ne remboursent que difficilement.

TRISTAN BERNARD

Il faut dépenser le mépris avec une grande économie, à cause du grand nombre de nécessiteux.

FRANÇOIS RENÉ DE CHATEAUBRIAND

L'humour est une tentative pour décaper les grands sentiments de leur connerie.

RAYMOND QUENEAU

Mais vous changez d'avis comme de chemise ? Oui, c'est une question de propreté !

LOUIS-FERDINAND CÉLINE

Mûrir, mourir ; c'est presque le même mot.

VICTOR HUGO

Il ne faut jamais regarder quelqu'un qui dort. C'est comme si on ouvrait une lettre qui ne vous est pas adressée.

SACHA GUITRY

C'est très curieux : ce sont toujours les célibataires qui vous donnent des conseils pour élever des enfants.

PAUL CLAUDEL

L'HUMOUR AU CHERCHE MIDI

COLLECTION
« LES PENSÉES »

Pensées, textes et anecdotes
d'Alphonse Allais

Les Pensées de Jean Amadou

Les Pensées de José Artur

*Pensées provisoirement
définitives*
d'Yvan Audouard

Pensées, répliques et anecdotes
de Francis Blanche

Pensées et répliques
de Bertrand Blier

Les Pensées
de Philippe Bouvard

Les Pensées de Cavanna

Pensées, répliques et anecdotes
de Claude Chabrol

Ça roule ma poule !
de Coluche

Les Pensées de Courteline

Les Pensées de Pierre Dac

Arrière-Pensées de Pierre Dac

Les Pensées de San-Antonio
de Frédéric Dard

Les Pensées de Jean Dutourd

Pensées et répliques
de Jacques Dutronc

Les Pensées
de Gustave Flaubert,
suivies du
Dictionnaire des idées reçues

Les Pensées d'Anatole France

Les Pensées d'André Frossard

Pensées, maximes et anecdotes
de Sacha Guitry

Pensées, répliques et anecdotes
des Marx Brothers

Les Pensées des Monty Python

Les Pensées de Pierre Perret

Les Pensées de Daniel Prévost

Les Pensées de Jules Renard

*Pensées, répliques
et portraits* de Rivarol

Vracs de Tomi Ungerer

Les Pensées d'Oscar Wilde

Les Pensées de Wolinski
illustrées par lui-même

*Pensées, textes,
répliques et anecdotes*
de Jean Yanne

COLLECTION « LE SENS DE L'HUMOUR »

PIERRE DAC
*Les Meilleures
Petites Annonces
de l'Os à moelle*

Essais, maximes et conférences

JAMES DARWEN
*Le Meilleur de l'humour
anglo-américain*

PIERRE DRACHLINE
*Dictionnaire humoristique
des surréalistes et des dadaïstes*

*Le Grand Livre
de la méchanceté*

GÉBÉ
Un dimanche au frais

PHILIPPE HÉRACLÈS
*Le Grand Livre
de l'humour noir*

*Le Petit Livre
de l'humour noir*

Éternellement vôtre !

OLIVIER DE KERSAUSON
T'as pas honte ?
illustré par Wolinski

LES MONTY PYTHON
*Le Grand Livre
des Monty Python*

PIERRE RICHARD
Comme un poisson dans l'eau

JEAN YANNE
J'me marre

Mis en pages par DV Arts Graphiques à Chartres
Imprimé en France par l'Imprimerie Corlet
Dépôt légal : novembre 2004
N° d'édition : 256 – N° d'impression : 81498
ISBN 2-74910-256-1